古诗文教学的基础和窍门

汉字故事

李思谦 著

郑州大学出版社

图书在版编目（CIP）数据

汉字故事：古诗文教学的基础和窍门／李思谦著. — 郑州：郑州大学出版社，2023. 8（2024.6 重印）
ISBN 978-7-5645-9873-0

Ⅰ. ①汉… Ⅱ. ①李… Ⅲ. ①古典诗歌 – 中国 – 中小学 – 教学参考资料②文言文 – 中小学 – 教学参考资料 Ⅳ. ①G633.302

中国国家版本馆 CIP 数据核字（2023）第 156955 号

汉字故事——古诗文教学的基础和窍门
HANZI GUSHI——GUSHIWEN JIAOXUE DE JICHU HE QIAOMEN

策划编辑	秦熹微	封面设计	王　微
责任编辑	秦熹微	版式设计	王　微
责任校对	刘晓晓	责任监制	李瑞卿

出版发行	郑州大学出版社	地　　址	郑州市大学路40号（450052）
出 版 人	孙保营	网　　址	http://www.zzup.cn
经　　销	全国新华书店	发行电话	0371-66966070
印　　刷	廊坊市印艺阁数字科技有限公司		
开　　本	710 mm×1 010 mm　1／16		
印　　张	12.75	字　　数	132 千字
版　　次	2023 年 8 月第 1 版	印　　次	2024 年 6 月第 2 次印刷

书　　号	ISBN 978-7-5645-9873-0	定　　价	68.00 元

汉语是世界上最好的语言,汉字是世界上最美的文字。

持有这样的观点,不是因为我是一个爱国者,而是因为这观点是客观的。

世界上的文字大致分为表音文字和表意文字两种。联合国六种工作语言包括汉语、英语、法语、俄语等联合国创始国的语言,以及使用很广泛的语言阿拉伯语和西班牙语。这些语言除了汉语之外都是表音的语言。拿我们熟悉的英语和汉语比较,英语只有 26 个字母,比常用的 5000 个汉字少多了。由 26 个字母组合而成的英语单词,只要掌握了英语音标,就可以读出绝大部分单词,而汉语却不能根据汉字字形读出来。26 个字母能够组合成无数个单词,但是任何人不能根据单词的写法推断出含义;而汉语的一个汉字就是一个语素——单独表达其含义,稍微了解汉字结构规律的人都能够推断出生字的意思。常用的 5000 个汉字,大部分是形声字,形声字的形旁表示其意义,声旁表示其读音，而这些"旁"——规范的称呼就是部首，总共有201个左右，这些部首都是单个的汉字（或者变形），是几万个汉字的基本构件。也就是说，我们只要掌握140个汉字，就可以根据汉字的结构规律，推测一个个生字的意思和读音。所以，汉字是表意文字，但也有表音文字的优点，学习起来工作量不大，易识别，易掌握。汉语的这些优点，是其他五种联合国工作语言都不具备的。

随便举个例子，就可以从中发现汉语、汉字的这些优点。如"休"和"体"两个字，极为相似，但是"休"是"人"在"木"旁，人累了，靠在树下休息一会儿，后来引申、发展的意思都从此而来；"体"是个简化字，但是依然遵循汉字构造规则，表示"体"是人的躯干（"本"是主要部分、根本的意思）。非常相似的这两个字，初学者可以在很短时间内牢固掌握其意义、写法，并且不会混淆。如"佰""陌"这两个汉字，它俩都是左右结构，有相同部分"百"，有不相同部分单人旁和左耳旁。毫无疑问，不同的部分是形旁，表示这两个字有不同的含义；相同的部分就是声旁，表示它们的读音相近。"佰"表示与"人"有关，"陌"表示与"地方"有关。如果能有这个初步的认识，当学习到这两个字时，就可以知道在中国古代的军队里"十人为什，百人为佰"，"佰"表示一百个人，是古代军事编制单位；而"陌"表示井田制时田间小路，后组成"陌生"一词，"陌生"就是野外小路上碰上的人，也就是不认识、不熟悉的人。这样，经过初步学习，这两个字的读音、意义都能给初学者留下深刻的初步印象,绝大部分人有了这个初步印象就可以牢记这两个字的读音、意义和写法了。所以,如果掌握了汉字的结构规律,就会发现学习汉语是有规律可循的,不需要大量的死记硬背就可以事半功倍。

汉字的萌芽,可以追溯到五六千年前的仰韶文化时期。汉字起源于上古先民的共性经验,是一代代先民根据生活实践慢慢创造的结果。每一个汉字,无一例外地都来自最真实的生活。《说文解字》中记载:"周礼八岁入小学,保氏教国子先以六书。"所谓"六书",指的是通过分析汉字的构造规律和造字表达目的而归纳出来的六种造字方法:指事、象形、形声、会意、转注、假借。最初的汉字字形以象形为主,字体以不可分割的独体为主,象形字表示的意义以名词为主。在独体字的数量积累到一定程度以后,人们便又采取了以现有的字形为基本构件,通过固定的组合方式创造新字的方法,创造了会意字、形声字等。经由几千年的演变,汉字逐渐发展为今天的固定符号。

历史经过了几千年,社会生活——这个汉字要表达的主体发生了很大的变化,汉字字形因为书写工具、书写材料等因素,随着历史的变迁也发生了很大的变化。今天我们面前的汉字,每一个都是有丰富文化内涵的载体。今天从昨天来,现代汉字从甲骨文、金文、小篆、隶书发展而来,掌握汉字造字规律(结构规律)对我们学习汉语,非常必要,这就是这本书的写作目的。

语(語),形声字,从言,吾声。本义:谈论;议论;辩论。语一开始就是口头语,今天的"语"既指书面语,也指口头语。几千年来,"识文断字"的人,都是受过教育的文化人,他们说话(口头语、口语)和书写(书面语)很长时间不一致。书面语相对规范、文雅,而口头语相对随意、灵活、通俗。这样"言文不一"的差异到中国近代发展到非常严重的程度,90%的民众不能识文断字,数量繁多的汉字(方块字)增加了他们识字、受教育的难度。而官员、文士(占10%)写出的文章充满"之乎者也",民众看不懂、听不明白。1919年前后,中国知识界掀起了一场声势浩大的"新文化运动",缩减两种语言的差异,力求"吾手写吾口"。新文化运动表面上从语言改革开始,深入思想、教育层面,对中国的近代化起了很大的推动作用。

文,象形字。甲骨文此字像纹理纵横交错形,装饰在胸前。本义:花纹;纹理。《说文解字》:"文,错画也。象交文。"今字作纹。意思是"文"是交错刻画成的花纹。汉字最早的象形字,就是图画,所以汉字的起源就是画的"文"后来符号化了。《周礼·冬官·考工记》:"青与赤谓之文,赤与白谓之章,白与黑谓之黼(fǔ),黑与青谓之黻(fú)。"今天的文身,还是以"刺青"为主。"文",在先秦时期就有文字的意思,"字",到了秦朝才有此意。分别讲,"文"指独体字(一整幅画不可拆分);"字"指合体字。笼统地说,都泛指文字。传说吴姓先祖泰伯、仲雍兄弟二人"奔吴"——从周原跑到吴地,当地人"被发文身",披散头发,身上描画着各种花纹,表现出很狂野、没教化的样子。《礼记·王制》注:"谓其肌,以丹青涅之。"虽然很疼,但是为了美观,就那样做了。孔子曰:"言之无文,行而不远。"用今天的话来说,就是说话没有文采,不形象生动,就不会被广泛接受和传播。

目录

偏旁与部首

请同学们查一查"皓"这个字。

皓，这个字分为两部分，就是两个偏旁：白、告，假设不知道皓的读音，你用《新华字典》，怎么查？

对，查"白"部。白，就是"皓"的部首。

"皓"的意思是"白色的"。皓首穷经：头发都白了还在研读经籍。形容勤勉好学，活到老学到老。也作"白首穷经"。

查"告"查得到吗？查不到。因此，大家明白汉字有形旁、声旁；形旁就是这个字的部首。如：河、江、湖、泊、海、洋、溪、流……它们有一个共同的部首：氵。

因此我们总结如下：部首是一个字的偏旁，但偏旁不一定是部首，部首就是一类字的共同的形旁。

可见，部首很重要，找到同一部首的字，大致理解记忆它们的意思，如上文举例带"氵"的字。形旁很重要，当然，声旁也重要，只是你认识了很多的字才能体会到这一点。

汉字从远古的殷商时代"走来"，走过了四五千年的历程，形成了成千上万个字的规模，自身饱含着非常丰富的信息，是我们打开中华文明的钥匙。但是，由于汉字的历史演变，出现了各种各样的部首。汉字部首不统一的状况增加了汉字信息检索的难度，给学习汉字带来不便，教育部、国家语言文字工作委员会因此制定了《汉字部首表》，规定了汉字的部首表及其使用规则，主部首有 201 个。我们只要掌握这 201 个部首，就可以很轻松地理解这几万个汉字的意思，记住这几万个汉字的读音，轻松地掌握它们组成的词语的意思，从而写出形象生动的语句和优美动人的文章。

如"汉"字，繁体为"漢"，构词如"汉族""汉语""汉朝"等。我们中华民族有 56 个民族，主体民族是汉族，我们中大部分人是汉族人，简称汉人。汉族人使用的语言文字，就是汉语。

毫无疑问，"汉族""汉语"都得名于"汉朝"这个朝代。那么"汉朝"是怎么一回事呢？它为什么叫"汉朝"呢？其实，中华民族在国外不仅仅被称作"汉人"，也往往被称作"唐人""华人""华族"，遍布世界的"唐人街"就是"华人居住的街区"。因为汉、唐这些朝代是中国历史上国力强盛、文化繁荣、对世界影响较大的朝代。汉朝，公元前 202 年建立，直到公元 220 年灭亡，持续了 406 年，时间长，影响大。公元 220 年，东汉王朝最后一位皇帝汉献帝被曹操的儿子曹丕废弃，这标志着汉朝的灭亡，魏国建立了，三国时代开始了。三国中魏国国力强大，后世称其为"曹魏"。随后建立的蜀国国号为"汉"，因为刘备自称是汉室后裔。因此后世多称蜀国为"蜀汉"。西晋灭亡后，北方匈奴贵族刘渊建立了"汉"。又过了几百年，唐朝灭亡后，五代十国时期，刘知远建立了"汉"。其实刘渊是匈奴人，刘知远是沙陀人，他们都姓刘，建立的国家都自称汉，可见汉朝的影响。

汉朝的建立者是秦朝末年农民起义军领袖刘邦，蜀汉的建立者刘备自称是刘邦的后代。刘邦在建立汉朝前是"汉王"，这个"汉王"是被另一个农民起义军领袖项羽（西楚霸王）分封的。项羽以"巴蜀汉中四十一县"封刘邦，以治所在汉中称"汉王"。也就是说，"汉王"得名于汉中，汉中因汉水而得名。汉水，也叫汉江，是长江最大的支流，发源于秦岭南麓的陕西省宁强县，流经汉中、安康、襄阳，在湖北武汉市注入长江，全长 1532 千米。毫无疑问，汉中、武汉（长江以南叫武昌，长江以北、汉江两岸分别叫汉阳、汉口）这些地名都来源于汉江。

中国大地上还有黄河、长江等大江大河。黄河因中下游流经黄土高原后，河水里含有黄色的泥土，故河水是黄色的，在古代黄河被称为"河"；长江本来的名字就是"江"，因为它很长，后来逐渐被称为"长江"。"汉水"的"汉"和"江""河"意思完全相同，都是河流的专用字。

一个"汉"字，历史这么悠久，内涵这么丰富！

其他的汉字呢？一定不乏这样的字，我们应该像追溯"汉"字一样追溯其他的汉字：从部首分析开始，然后条分缕析、举一反三、触类旁通，做到事半功倍，轻松地识记汉字。

中国，来自古代人对生活的土地的认知，认为地处于天下之中，故名"中国"。不知道你是否留意过，中国版的世界地图，中国就处于世界中央，和其他国家的版本不太一样。考古发现，在西周（前1046—前771）的国宝级青铜器何尊铭文中，出现了"宅兹中国"的字样。"宅兹中国"意思是说，我要住在天下的中央地区。通过这件国宝上的铭文，我们可以知道，"中国"这个词最早出现在西周初年。夏商周时代，都城经常迁徙，君主在哪里，哪里就是"中国"。显然，最初"中国"是一个地理概念。

到了东周，"中国"的范围扩大到以洛阳为中心的中原地区。在秦朝，"中国"就是秦始皇统治的天下三十六郡。到了唐朝，"中国"就是中华大地了。现在的"中国"，就是中华人民共和国。它从一个地理概念，变成了近代国家的概念。

中国是中央之国，谁居住在这里呢？华夏族。古代居天下之中的人，认为自己是天下正统，其他地区都是蛮夷，即不开化不入流的人。当时，有四个族居住在中国的周边，分别称作"东夷、南蛮、西戎、北狄"，与居住在中心的华夏族人，并称五方之民。"华夏"是古代中原地区的自称。

汉人，最早就是汉朝人的意思。汉朝分为西汉和东汉，在西汉时期，随着国力不断强盛，中国开始大规模与外族作战，主要对手是匈奴。汉朝和匈奴的战争持续了近百年，汉朝逐渐在与匈奴的斗争中占得上风，最终取得压倒性的胜利。从此，汉朝老百姓可以自豪地对外称呼：我是汉人！汉朝灭亡以后，周边国家和部落仍然沿用汉人这个称呼，中国历朝历代对外交往时，便也都自称汉人。虽然随着朝代更迭，也出现过唐人、宋人等称号，但中国人还是习惯称自己为汉人。

几百年后中国历史进入唐朝，唐朝是中国历史上强盛的朝代，唐太宗李世民也被少数民族称作"天可汗"，也就是天下人共同的君主，可见对其崇拜至极。唐朝时对外交往非常多，万国来朝，唐朝对世界影响深远。外国人称中国人为"唐人"，称中国人居住的地方为"唐人街"。

今天，中国被称为"中华"或者"华"，中国人侨居在国外被称为"华侨"。

水：生命之源

水，生命之源，人类的命运和水是分不开的。

"水"在甲骨文、金文、小篆中像流动的水形，本义是流动的水，即河流。到隶书时逐渐演变为"水"字形。《诗经·蒹葭》："蒹葭苍苍，白露为霜。所谓伊人，在水一方。溯洄从之，道阻且长。溯游从之，宛在水中央。"这句诗中的"水"是一条长满芦苇的宽广河流。《荀子·劝学》："假舟楫者，非能水也，而绝江河。"这句话的意思是"借助于舟楫渡河的，并不一定能游泳，但还是能横渡大江大河"。在这句话中，"水"的意思发展演变为"泅渡"。从保留在现代汉语中的成语来看，"水"的原义统指江河湖海，如说一个地方"依山傍水"，依傍的可能是河流、湖泊、大海。

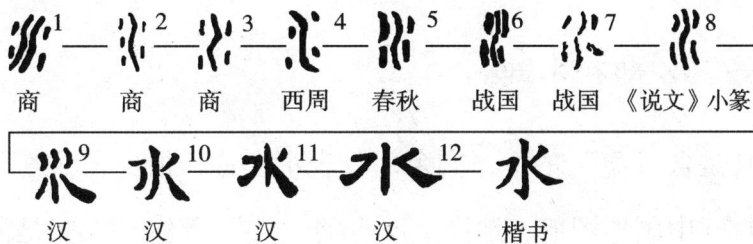

商	商	商	西周	春秋	战国	战国	《说文》小篆
1	2	3	4	5	6	7	8

汉	汉	汉	汉	楷书
9	10	11	12	

水在中国古代哲学里，属于"五行"（金木水火土）之一，所以祖先对水的认识是比较充分的。东汉刘熙的《释名》里说："水，准也。准，平也。天下莫平于水。"这就是"水平"这一词语的来历。《荀子·劝学》："冰，水为之，而寒于水。"这里的"水"的意思就成了现代汉语中"水"字的基本意思。"川"字的本义是河流、水道。在象形字中，"川"字和"水"字也比较相近。海纳百川、百川归海、川流不息等都是河流的意思。而江河两岸多是平坦的陆地或良田沃土，故"川"字又表示平原、草原。成语"一马平川"的意思是指能纵马飞奔的平地。子在川上曰："逝者如斯夫，不舍昼夜。"孔子教育学生要珍惜时间，他站在"川"边上，指着流淌不息的河流，用非常贴切的比喻，指出了时光一去不复返的规律。

"水"字作为部首，称为水部。

根据对"汉"字的分析，我们知道，"氵"（三点水）是表示与水有关的汉字的部首，另外"水"（氺）作部首时可以表示和河流、水、液体等有关的事物。"冫"（读冰，两点水）作部首时，可以表示和温度低或水有关的事物。同时除了"氵"、"氺"和"冫"等，还有雨字头等和水有关的部首。

一、氵部和氺部

凡是含"氵"的字，剩余部分表示读音，很少表示意义。

打开中国地图册，地图上所有的"氵"部字，大多是河流的名字，即使你不知道它的读音，你也知道它的意思。有些不出名的"氵"部字，你甚至不需要知道它的读音。中国古代第一部诗歌总集《诗经》中也有很多河流的名字，直到今天那些"流淌在《诗经》中"的河流的名字，并不为大家熟悉。本书重点引导大家巧记汉字，并不偏重于每一个字的读音，所以举例多为大家熟悉的。《诗经·郑风》有一篇《溱洧》，笔者也是学习《诗经》时才知道这两条河的名字的读音。溱（zhēn）、洧（wéi）："郑国二水名。"从这两个字的读音来看，"秀才读半边字"这样的做法是错误的，这个错误是"经验主义"错误。

发源于河南南部桐柏山区的淮河是中国的一条主要河流，也是秦岭—淮河这条南北地理分界线的东半部分。古代这条河叫"淮"。"淮"和"准"字太相似了，但是这两个字的意思、读音却相差很远。这是因为这两个字的字形在小篆之前区别很大，直到小篆时期，这两个字的字形（写法）才相近。在此我们稍作拓展，了解一下汉字的"前世今生"，然后继续对这一部分的探讨。

古人写的是繁体字，很多繁体字笔画繁多，新中国成立后，国家政府为了便于人民群众识字、脱盲，也为了便于汉字的书写，把许多汉字简化了，还有很少的简化字和别的字合并了。而一些所谓的"书法家"，在用繁体字写书法时，往往闹出很多张冠李戴的笑话，这里举两个例子来说明。

今天的"后"字（字形），实际上是将"後"与"后"两个字合并了。前者表示"先后""前后"的意思，没有简化之前

（繁体）写作"後"，"彳"表示有多个人在一起，自然时间上有先有后，位置有前有后；而第二个"后"字专用来称呼国王、皇帝的老婆，这个字从小篆时规范化后就没有变化。两个"后"字不是一个字，而皇后、王后又常常是出现在"书法"作品里的内容。可是有些"书法家"不知道"後"和"后"的区别，皇后、王后到他们的笔下，就成了"皇後""王後"。

　　再如"斗"字（字形），在现代汉语中是一个多音字。其一读dǒu，是一种盛酒的器具，又用作计量粮食的工具，其上的两点代表这个容器中的粮食（以两个点代表无数颗）。又因为北斗七星排列起来很像这个带有把柄的工具，所以人们又用这个字来表示北斗七星和南斗星，我们今天的北斗导航，名字就来源于此。而从甲骨文时期一直到秦汉，"斗"字形体基本未变。其二读dòu，是个简化字，繁体写作"鬥"，是个象形字，表示两个人发怒了在对打。由此可见这是两个字，汉语字典也明确区别开来。但是一些"书法家"常常张冠李戴，于是"北斗""南斗"到他们的笔下就成了"北鬥""南鬥"，不伦不类，令人啼笑皆非。

　　汉字在最初产生时是图画性的符号，这些符号绘制不一，刻在龟甲或者兽骨上，叫"甲骨文"，其产生不晚于商代。在今天河南安阳发现了很多甲骨文，文字学家已辨识其中一部分。商周时代产生了钟鼎一类的青铜器，如后母戊鼎。青铜是铜和锡还有少量铅混合在一起形成的合金，坚硬、结实，后母戊鼎鼎腹内保留有铭文"后母戊"三字，青铜器上的铭文为汉字从图画符号向文字符号前进的一大步，这个阶段的汉字叫金文。金文之后，春秋战国时期还出现了大篆和各国的简帛文字，直到秦始皇灭掉六国建立秦朝，推行"书同文，车同轨"、统一度量衡的政策后，丞相李斯才在六国文字结合秦国文字、金文和大篆的基础上，创制出了统一的汉字书写形式——小篆。从金文到小篆，汉字经历了近千年的演变，笔画线条化，文字符号化，其中图画所描摹的事物的特征逐渐消失或淡化，例如圆圆的太阳变化成"日"。这有利于中华文化的继承与传播，有利于一个统一的封建帝国的形成与巩固，这个时期是汉字发展的飞跃阶段，同时也是汉字脱胎换骨的重要阶段。再到后来隶书出现并流行开来，汉字彻底变成横平竖直的文字符号，很难从字形上看到当初的图画所绘制的内容了。从小篆到隶书，这个过程叫"隶变"，汉字的图画特征进一步消退，隶书之后汉字又有草书、楷书和行书等形态，但是汉字的笔画数基本稳定。到了近代的新文化运动前，如鲁迅、钱玄同、刘半农等新文化运动先驱，对笔画繁多、难于识记的汉字曾深恶痛绝，认为汉字这一特征是影响中华民族走向现代化的巨大障碍，他们因而提出了汉字拉丁化的主张。随着时间的推移，汉字拉丁化这条道路没有走下去，但是汉字要简化，这成为全社会的共识。新中国成立后，人民政府尽一切力量推动中国的政治、经济、文化发展，对汉字进行了一次大规模的简化。汉字简化使得汉字易写、易认，极大地方便了文化传播，但是根据汉字的部首来追溯汉字意思的演变，变得更难一些。例如

"国"字，繁体为"國"，框内偏旁读 huò，显然剩余部分偏旁"囗"就是这个字的形旁，也是这个字的部首，从"囗"，表示疆域。它说明"國"有四周国界线、相对封闭，外人不能随意出入。简化后的"国"笔画少了 4 画，更方便书写和识记，但"或"和"国"字的读音关系被简化掉了，人们不容易分辨出"国"这个字的形旁和声旁，对该字的理解变得不那么直观了。

学习汉字，往往要从汉字的原始意思开始，从汉字的形旁上找到原始意思，再顺着这原始意思的发展脉络一步一步地探索字义的发展、引申和转化。这虽是识记汉字的捷径，但是想走通这条捷径，就要追根溯源。对一个汉字在甲骨文、金文、小篆、隶书等阶段的字形，要有一定程度的了解。例如"淮""准"两个字的"隹"，在初始阶段是大相径庭的。我们要根据形旁来分析、识记这两个字的意思，不能千篇一律地"秀才认半边字"，因为它们的"半边"今天相同，原来完全不同，变化"气象万千"，各个阶段纷繁复杂，我们就不能完全拘泥于形声字的规律去识字了。

附形部首"氵""氺"都是"水"的变体。"氵"在字的左侧，称为三点水；"氺"在字的下部，称为水底儿。"水"部的字，大致可以分为五类：（1）水的名称，如"江、河、湖、海、淮、湘、沅、济、汉、泌、沁"；（2）水的性状，如"清、浊、混、浑、深、浅、淡"；（3）水的流动，如"流、涌、沸、滚"；（4）与水有关的动作，如"游、泳、涉、浴、洗、浇、涮"；（5）与水有关的事物，如"波、浪、涛、泽、酒、汗、浆"。我们选择几个与水有关的汉字故事，引导大家理解水部的字。

水流的源头叫"泉"，大多是从地下涌出。万里长江发源于唐古拉山的各拉丹冬峰。"泉"字的甲骨文像一个泉眼，上面和左右两侧呈现半包围的形状，里边是一横代表泉水流出的地点，往下是类似"川"字的泉水，从底部流出。小篆"泉"字则把里边的地点、流水变成一个"丁"字形，隶书则演变成现在这个样子：上白下水。可见"泉"是一个象形字。《千字文》开头："天地玄黄，宇宙洪荒。"意思是天空是玄色（黑青色）的，大地是黄色的。掘地成井，流出的泉水是黄色的，叫"黄泉"。中国古代人认为，大地是人类之母，人死去还要回归到土里。陶渊明《拟挽歌辞三首》中说："死去何所道？托体同山阿。"意思是说死去有什么可说的？不过是把自己的身体托付给山陵，葬在高山之上。在以前，人死后"入土为安"，给逝者挖一个墓穴，连棺材一起埋在"井"里，葬在黄泉之下，灵魂进入另一个世界，这是汉民族土葬的风俗习惯的来历。贫苦者死去也没有什么尊严，草草下葬了事，埋在黄泉之下，地表面是平的，这叫"墓"；稍微富有者埋入地下，地表上堆成丘，像山一样，作为标记，以供后代祭奠；帝王则厚葬，把生前的金银财宝、钟鼎玉器，甚至奴隶、仆人一同埋在地下，地下建设豪华的墓室，但又害怕有人掘墓盗取财宝，于是把"墓"堆得如山陵一样高大，所以帝王的坟墓叫"陵墓"。陶渊明"托体同山阿"则是要后代把自己葬在山陵下，灵魂得以安息。不管是贫苦奴隶还是帝王将相，死后"与天地同在，与日月同辉"是一个妄想，都要到"九泉之下"。九泉之下，意思是很深的地下。

泉，读音与"钱"相近。按照古代的"五行"理论，水生金，人们希望手中的财富像泉水一样源源不断，所以用"泉"来代替"钱"。早在战国时代，官府就用金属铸造钱币，到了秦始皇时代，就铸造外圆内方的钱币。在古人看来，天是圆的，而城市、集市要居住人，那就要有水井，水井口是方的，这就是"市井"一词的由来。西汉时铸造的钱币沿用了秦朝的样子，还在钱币上铸造出皇帝的姓——劉。"劉"字中含有"金"，这个"金"是指金属，"劉"字与财富巧合。西汉末年，王莽篡汉，改朝换代，实行了一系列改革，其中一项就是重新铸造钱币，废弃原有的带"劉"字的钱币，铸造上有"大泉五十"的新莽钱币。后人特别是清高的文人，讨厌商人身上的"铜臭味"，就用"泉"代替"钱"。鲁迅是一个忧国忧民的文学家、思想家，他当然憎恨富人靠着钱剥削、压榨穷人，但又不可能不与钱打交道，《鲁迅日记》里多次记录他自己拿"泉"来为女工赎身，接济穷苦人，特别是走投无路的文学青年。"臭"字甲骨文画的是一条狗在嗅，狗的嗅觉特别灵敏，今天的警犬循迹追踪靠的就是嗅。可见"臭"由犬嗅气味发展到气味，再由各种气味发展到专指臭味，读音也由 xiù 改为 chòu，原来的闻气味的"臭"（xiù）则再造一个字"嗅"来承担。

山泉汇集起来叫"涧"，"涧"是一个会意字，也是一个形声字，有"两山之间的水流"之意。所谓会意字，就是利用已有的字，依据事理加以组合，表示出一个新的意义，如上文讲到的"臭"（xiù）。王维的《鸟鸣涧》："人闲桂花落，夜静春山空。月出惊山鸟，时鸣春涧中。"山鸟原本栖息在树上，因为月出而被惊醒，孤单的叫声在山涧里发出回响。还有他的《山居秋暝》写道："空山新雨后，天气晚来秋。明月松间照，清泉石上流……"明月透过浓密的松针照进林间，汩汩清泉流淌在山石上。清泉汇集成"溪"，溪依然不大，"溪"字本来写作"谿（xī）"，侧重指山谷深，后写成"溪"，侧重指山沟沟里的流水。在落叶密布、荆棘丛生的山沟里，是没有路可走的，智者可以沿着"谿"走出来，因为溪流冲走了落叶，使人能辨识出小路。司马迁赞颂抗击匈奴的飞将军李广，说"桃李不言，下自成蹊"。林间小路叫"蹊"。可见不管是水（氵），还是谷，或者是脚下的路（𧾷），只要和"奚"相配，表示的事物就不大。

溪流汇集成"川"，"川"汇集成"河"，最大的河叫"江"。中国西北边陲有伊犁河和额尔齐斯河。东北边陲有黑龙江、乌苏里江、图们江和鸭绿江。东北往南有辽河、海河、黄河、淮河，淮河以南是长江及其支流，珠江及其支流。长江支流大都叫"江"，如雅砻江、岷江、嘉陵江、乌江、汉江、湘江、赣江。但岷江也有一条支流叫大渡河，大渡河在四川西部，因为1935年红军强渡大渡河、飞夺泸定桥而广为人知。大渡河古代叫"沫水"，清朝乾隆年间的平定大小金川战争就是发生在大渡河流域。汉江也叫汉水。最早时"河"专指黄河，"江"专指长江，淮河叫"淮"，汉江叫"汉"，湘江叫"湘"，沅江叫"沅"。最早写进历史典籍的河流有江、淮、河、汉、洛、济等。"河""江"都是形声字，"江"的音"工"至今保留在长江南岸地区的方言里。

"海纳百川，有容乃大。"容，容纳。雨果有一句名言，"世界上最宽阔的是海洋，比海洋更宽阔的是天空，比天空更宽阔的是人的胸怀"，更能详细表达"海纳百川，有容乃大"这句话的意思。"海"现在一般指海洋。"海"字是个形声字，金文从水，每声。"每"是"每一个""每一条""所有"的意思，每一滴水、所有的水汇集在一起，那就是大海了。由大海可以容纳百川，引申为"容量很大、巨大"这一意思。如北方吃饭的一种碗，叫"海碗"；有些人好说大话，叫"夸下海口"；写信、打电话给别人希望得到对方的原谅，夸赞别人的肚量大，说"望海涵"；等等。"海"又可以形容人或者事物很多，如"人山人海""文山会海""一片火海"等。"海"的意思变化，是有迹可循的，学习中只要"咬文嚼字"，不难理出脉络来。

"海"和"洋"常常并称"海洋"，地理课本上说地球上有四大洋：太平洋、大西洋、印度洋和北冰洋，这四大洋的名字是以航海起家的欧洲人起的。15—17 世纪，是欧洲历史上的"探索时代"或者"发现时代"，又叫"新航路时代""大航海时代"。受雇于西班牙皇室的葡萄牙航海家麦哲伦率领船队向西横渡大西洋，发现了美洲南部的海峡（后来叫麦哲伦海峡），绕过海峡驶入更宽广的海洋。而这片狂暴的海洋，在麦哲伦率领的船队经过时却出奇地风平浪静，于是他们为这片海洋起名叫"太平洋"。当时欧洲人航海的原始目的是找到神话传说中富有的东方古国印度，当他们到达印度时，为印度南边的海洋取名印度洋。当然，"北冰洋"和"大西洋"都是以欧洲为中心起的名字。靠近大洋边缘陆地的水域，被习惯性地称为"海"，如中国的渤海、黄海、东海、南海，地球上其他有名气的海还有日本海、红海、阿拉伯海、地中海、波罗的海、珊瑚海、加勒比海等。世界上最小的海是夹在博斯普鲁斯海峡和达达尼尔海峡之间的马尔马拉海，是世界上最小的海，被称为"袖珍海"，面积11 350平方千米，它和博斯普鲁斯海峡以及达达尼尔海峡一起被称为"土耳其海峡"，是亚欧两洲的分界线的一段。最小的海尚且一万多平方千米，可见真正的海有多大。这个"袖珍海"东端连接着黑海，黑海的名字听起来多么冷，实际上是当今世界上最热闹的海，俄罗斯和乌克兰、北约在这片深入内陆的海域里紧张地对峙着。土耳其海峡的西端连接着爱琴海，爱琴海是地中海的一部分，是欧洲文明的源头。地中海处于欧洲、亚洲、非洲之间。海峡的意思是这片水域很狭窄，著名的海峡如土耳其海峡、曼德海峡、霍尔木兹海峡、马六甲海峡等都是海上通道的最为狭窄处，地理位置非常重要。有的海叫"湾"，如泰国湾、孟加拉湾、波斯湾等。熟悉北京的人知道北京有很多"海"：中海、南海、后海、北海、西海、什刹海等，这些

"海"和云南的洱海一样是湖泊，湖泊是和大海不相连接的宽广的水域。地球上最大的湖是里海，介于亚洲和欧洲之间，面积有36.8万平方千米，和黑海隔着高加索山，并不相连通。"海""洋""湾""湖"都是形声字，这可以从和"嗨"字的读音、意义比较上看出来。"泊"是个多音字，也是个形声字。

"海拔"是用来标记一个地方高度的标准：距离海平面的高度。珠穆朗玛峰，岩石高度8844.43米，雪盖高度8848.86米，这里的"拔"是"超出"的意思。我们脚下的平原一般海拔在50～300米。"海拔"一词以海平面海拔0米为标准，陆地上还有比海平面更低的地方，例如中国的新疆有个艾丁湖，位于新疆维吾尔自治区吐鲁番市高昌区，是吐鲁番盆地的最低处，也是中国陆地的最低点。湖面比海平面低154.31米，湖底最低处达-161米。吐鲁番盆地为中国天山东段南侧封闭性山间盆地，艾丁湖为吐鲁番盆地地表径流的归宿点，源源不断的雪山融水注入其中，但是依然挡不住艾丁湖日趋干涸的趋势。"干涸"，失去水而干枯。涸辙之鲋，意思是车轮在泥土上碾压出车辙来，天下雨了，车辙里有积水，一条鱼存活在车辙的积水里，但是天晴后车辙日趋干涸，车辙里的鱼的命运就可想而知了。这个成语比喻急需要救援的人，如果得不到救援，可能马上就要像涸辙之鲋一样渴死。

"海洋"的"洋"字，甲骨文的字形两边是水，中间是两只羊的形状。小篆的字形，左边是"水"，右边变为一只羊。"洋"本来也是一条河的名字，这条叫"洋"的河流在陕西省南部，今天的洋县境内，这条"洋"汇入汉水。"洋"字的另外一个意思是水多，由此引申为"多"，如"洋洋万言"。进一步引申为"盛大、丰富"，如"洋溢"；"溢"本来写作"益"，"益"的下半部分是"皿"，这个"皿"字容易让我们联想起"盆"字。不错，"益"就是指一种像盆一样的器皿里水很多，益（溢）出来了，后来"益"又有"好处"的意思。"益"的本义是"因为水很多而益（溢）出"，这一条意思就由另造的"溢"来担当。"洋"由"海洋"又引申为"外国、外国的"，如"洋人"。

我们从很多历史剧中看到作为货币的银圆又叫"大洋"，中国古代的"泉"（钱）叫"金"，应该是铜制造或者含铜的合金制造的，当时的铜、铁都是贵金属，但是它的"贵"还抵不上它的币面价格，铸造钱、发行货币只能由官府来做才合法。中国自1436年起采用银铜货币体制，主要货币为白银。中国使用的白银多铸成锭状，以重量（两）为单位。我们从"此地无银三百两"等成语可知这些银钱是按重量计的。至明、清与西方"洋人"贸易，从外国流入之白银多为铸造成硬币之银圆。早期的银圆多为西班牙在墨西哥铸造之西班牙元（当时墨西哥是西班牙的殖民地），在中国被称为"本洋"。"本洋"是流入中国的西班牙卡洛斯三世币头像银圆的俗称。明万历年间开始流入中国，清中叶流入最多，曾为我国长江流域的主要货币。这时中国的对外贸易顺差（卖出的货物多，买入的货物少，两者的差叫"顺差"）数额巨大，而新航路开辟后，西班牙王国的殖民地很多，面积很大，这样"本洋"流入中国很多。后来墨西哥独立，输入的银圆则由墨西哥铸造，即有鹰为标记的"鹰洋"。二者的重量、成色一样。银圆在中国逐渐受欢迎，间接影响了清政府控制经济的能力。英国见对清的贸易中，清朝的顺差很大，大量白银流入中国，这些白银在国际贸易中具有很强的信誉和购买力，英国于是采用了贩卖鸦片的办法以打开中国市场。大量的白银流入英国，清朝的国库空虚，鸦片毒害了清朝的各级官员和军队，以及底层的老百姓。清政府在光绪年间，财政更加困难，即使卖官鬻爵也无法维持财政支出，于是清政府开始开采银矿，铸造和"本洋""鹰洋"接近重量、成色的银圆。清政府的银圆因为上有蟠龙像，因此被称为"龙洋"。各式银圆被称为"大洋"。辛亥革命推翻了清政府的统治，袁世凯窃取了中华民国政权，在其统治期间（开始为"中华民国大总统"，后来称"洪宪皇帝"），铸造了有他头像的银圆，后来在北京的"中华民国政府"（即北洋军阀政府，直到1927年灭亡）继续铸造"袁大头"。因为是贵重金属，这种货币比南京国民政府（蒋介石政府）发行的纸币受欢迎，具有很强的购买力。

水少了容易形成旱灾，古代每逢旱灾，百姓往往祈雨，祈求上天降下甘霖。"久旱逢甘霖，他乡遇故知，洞房花烛夜，金榜题名时"是中国人的"四喜"。甘霖，就是及时雨，这雨贵如油，还带着甘甜的味道。"好雨知时节，当春乃发生。随风潜入夜，润物细无声。"当春天来临，田地要春播时，雨水降临了，这就是在应该下雨时下雨了。而不应该下雨时长时间下雨，那叫淫雨霏霏，庄稼会涝死，被褥、衣服会霉烂，人们会生病。这雨下得时间长，但是雨量不大，不是瓢泼大雨。瓢泼大雨之后就是洪灾。"洪"，会意字，也是形声字，右边"共"表示"众多的水汇集到一起"，就形成了洪水。至今中国洪水灾难几乎年年发生，"削洪"就是用水库把下泄流量高峰削平，另外还有分洪等抗洪措施。洪，因为"大水"意思引申为"大"，如形容一个人的声音大，我们可以说"声音洪亮"。

说到洪水，大家一定能记起来远古大禹治水的故事。这个故事历代人都会"演绎"，"演绎"也就是说"根据自己的理解来改编"。鲁迅很称颂大禹，他曾写过小说《理水》，"理"是个形声字。小篆的字形左边是"王"，指的是玉，表形旁；右边是"里"，指的是作坊，表声旁，整合在一起表示在作坊将山上挖来的璞石加工成美玉，使之成器。"理"字的本义是"加工雕琢玉石"，由此引申为"依据一定的标准对事物进行加工、处置"，如"理财""管理"；加工整理之后，事物就脉络分明，由此引申为"条理""纹理"；又引申到人的思想，表示"道理""理论"。

《理水》的"理"就是"治理"，可以理解为"理顺"，而不是堵、阻。关于这则故事中涉及的汉字，我们这样去理解。首先是"鲧""禹"这父子二人的名字和他们的形象。鲧，传说中一个水性很好的人，像大鱼一样善于游水。尧帝根据民间推荐,任鲧为治水的主官。鲧对滔滔洪水采取了堵、阻的办法,从天帝那里偷来"息壤"拦截洪水,"息"为生长之意;息壤,就是指能自己生长、膨胀的土壤。结果洪水却冲垮堤坝,到处泛滥成灾。九年末治平,被舜杀死在羽山。舜帝又任用鲧的儿子禹治水。禹,传说中水性很好的人,"禹"中有"虫",说明大禹也像一条水蛇一样善于游水,他吸取父亲的教训,改"堵"为"疏",带领百姓疏通河道,把水引向大海。大禹治水,三过家门而不入,公而忘私,水患得以治理后,他被推举为舜帝的接班人。"泛滥"是两个形声字组成的词语,"泛",指水溢出,到处流的都是;"滥",右半部分是"蓝"的简写,意思是洪水已经超过蓝色的水平线标记了。"治",整顿使之顺畅,"氵"表示水经过畅通无阻的河道,往低处流去;"台"既表示读音,又表示"治"后顺畅,使人心情好(怡)。"治"由"整顿""整理"发展为"管理""处理"的意思,又由"管理"发展成为"负责管理的官员的处所",例如"县治"指县令办公的地方,"郡治"指郡守办公的地方,这些地方时有变化,而不是固定的。

"川"是一个象形字,像一条流水和两岸,"川"是河流的总称。"州"是"川"加上若干点,这些点代表"水中陆地"。后来"州"由指水中陆地变成指所有陆地,原来的"水中陆地"的意思由人们再造的"洲"来承担。世界地理学知识传入中国,中国人知道地球表面71%的区域是水域(四大洋),而世界七块大陆也成了"洲"。所以在汉字中,"洲"指最大的陆地（七大洲）和最小的陆地（沙洲），《诗经·关雎》"关关雎鸠，在河之洲"，"洲"就是指河湖中的小块陆地。"州"成了一个行政区划单位。中国是一个大国，《尚书·禹贡》中把天下分为九州，"九州"成了中国的代名词，又称"神州"。中国古代的"州"很多，大致面积相当于一个市（管辖几个县区乃至十几个县区，原来也曾叫"地区"）。至今中国有很多含有"州"的地名，如广州、郑州、苏州、赣州、杭州、扬州等。中国历史上最后一个封建王朝清朝是满族人建立的，满族是以满洲部为核心吸收其他部族建立起来的，后来皇太极把族名改为"满洲"，辛亥革命之后开始称"满族"。东三省被称为"满洲"始于清末，现如今内蒙古有满洲里市。1931 年，日本帝国主义侵占东北后，曾经在东北扶植了一个汉奸傀儡政权"伪满洲国"。

中国地名有很多"州"，"株洲"和"满洲里"的"洲"很独特。

株洲这块地域内，古时岗地纵横，溪河遍布，地濒湘江多沙洲，又有很多楮树，故以地形、植物命名为楮洲。从南宋开始，官方文书大部分用株洲，民间多用楮洲。有时也交替使用。不过，清光绪三十一年（1905），株萍铁路历时 7 年建成通车，在今株洲设站，仍书写古名"楮洲"，直到清宣统二年（1910），粤汉铁路株洲至长沙建成通车，才改称"株洲"车站。至此后，无论官方或民间，都用"株洲"。"楮洲"古名渐成历史记忆。

　　"满洲里"这个地名起源于已经消失的地名"满洲"。"满洲"有两个主要含义。第一个是民族名，即满族的族称，形成于16世纪末17世纪初，是以满洲部亦即建州女真人为核心，吸收海西女真以及部分其他部族形成的。随着东北女真诸部的统一、八旗制度的完善与满族共同体的正式形成，后金天聪九年（1635）皇太极废除旧有族名"诸申"（女真），定族名为"满洲"。顺治元年（1644）清军入关，夺取中央政权，满洲族成为清代的统治民族。辛亥革命后通称为"满族"。"满洲"作为常用地理名称始于清末，帝国主义列强入侵东北，妄称东北三省为"满洲"，并以吉林省长春为界，分称"南满""北满"。1931年日本帝国主义侵占东北后，成立傀儡政权（日本扶持清废帝溥仪当"满洲国"的"皇帝"，这个汉奸伪政权称为"伪满洲国"）。1945年日本侵略者投降，"伪满洲国"寿终正寝，"满洲"这一称谓一并消失。

　　地上的河流有上述这么多的名字，天上也有一条"河"，叫银河，也叫天河。银河在黑洞洞的夜空里发出银色的光，并不是指其中流淌着银子。到过天安门的人都知道，天安门前有"金水河"，是故宫的护城河，当然并不是说河里流淌着金子，也不是说那清清的河水泛着金色。郑州市也有一条金水河。"金水河"这个名字不伦不类，因为"金水"相当于"汉水"，也就是"金河"，"金水河"说白了就是"金河河"。"金水"这名字来源于古人的五行理论。五行，指金、木、水、火、土这五种物质。按五行理论说，西方属金，金水河从西方流过来，所以叫金水河。故宫天安门前的金水河，是外金水河，流经故宫内太和门前的是内金水河。内外金水河都是护城河，攻城一方受到护城河的阻碍，攻城便增加了难度。据《元史·河渠志》记载，其源出于京西宛平县玉泉山，流至和义门南水门入京城，故得金水之名。《孟子·公孙丑下》说："天时不如地利，地利不如人和。"如果人不团结，即使"城非不高也，池非不深也"，也很容易被攻陷。这里的"池"就是护城河。笔者出身农村，见到乡下很多大的村庄外也有环形的池塘，这就是护城河的最小化。护城河，当然是人工的，一般是环形的。一座城，只要在防御时拉起城门外护城河上的吊桥，攻城者就只有涉水了。

"河流"这个词是个偏义复词，所谓偏义复词就是指由两个意义相关或相反的语素构成的联合式复词，其中一个词或词素表达意义，而另外一个只起陪衬作用，并不表义。河是流动的，但"河流"这个词就偏指河，并没有把人的注意点指向"流动的"这一意思上。汉字中形声字比较多，上文谈到的"江"就是一个形声字，这个可以与"扛"这个字比较来识记。"扛"读 káng，是指用肩膀承担东西，古人运输工具不多，肩扛手抬是正常的，正常的情况下一个成年人能扛起和自身体重相当的重量。还有更厉害的，扛（gāng），就是用手举起来重物。西楚霸王项羽力能扛鼎，手能够举起鼎，力拔山兮气盖世，是一个英雄。江、扛（gāng）、扛（káng）、杠，读音相近。流、硫（硫黄，一种化学物品）、琉（琉璃，人造水晶，一般做黄色的瓦）、锍（铜、镍、铅等有色金属矿或精矿造铳熔炼产出的金属硫化物共熔体）这些字读音相近。

　　"一条大河波浪宽，风吹稻花香两岸……"这是中国人所熟悉的歌。波浪是翻腾的水，不流动的水一般是平静的，这就是"水平"这个词的来历。在众多水部字中，"法"这个字表明了水面的平坦。"法"原始的含义就是法官，这个法官有一个神兽，叫獬豸（xièzhì），也写作解廌（xièzhì），是中国古代神话传说中的神兽，体形大者如牛，小者如羊，类似麒麟，全身长着浓密黝黑的毛，双目明亮有神，额上通常长一角。它拥有很高的智慧，懂人言知人性。怒目圆睁，能识善恶忠奸。如果发现奸邪的官员，就用角把他触倒，然后吃下肚子。能辨曲直，又有"神羊"之称，法官在听取原告、被告双方的陈述时，獬豸就在法庭上，发现说假话、蛮不讲理的一方，獬豸就用头上的角顶触那一方，法官也根据这个神兽的判断来断案。所以獬豸是勇猛、公正的象征，是司法"正大光明""清平公正""光明天下"的象征。"法"这个字的右半部分"去"就是"廌"演化而来。后来"法"就成了"法律""法令"的代名词。春秋战国时期，关于怎么治理国家，政治家中形成了一个"法家"流派，这些法家人物主张依法治国，王子犯法与庶民同罪，要受到同样的刑罚。商鞅、韩非就是法家的代表人物。经过很长时间的演变，"法"又引申为"方法""技法"的意思。如《孙子兵法》，就是用兵的方法。

　　"锄禾日当午，汗滴禾下土"，原来的"汗"字下面有

"土"字，到了小篆，这个"土"被简化了。"汗"是个形声字，篆文从水，干声。本义为汗水。"滴"是形声字，和"嫡""镝""嘀"等字的读音相近，可据此判断这些字的另外一部分就是形旁了。"嘀"本义为责备，通谪。读dī时为象声词，用作"嘀嗒"，有时也指汽笛声"嘀"。"嫡"是一夫多妻时代的正妻，"嫡"生的孩子将是财产的第一继承人。这里的"财产"最大可能是整个国家。刘邦在夺得天下、当上皇帝后，曾经把他老父亲请到京城里，当面质问老父亲："某业所就，孰与仲多？"意思是当初你很喜欢你二儿子，他老实干活，而不喜欢我这个不干农活的小儿子。现在怎么样？你看看我和你的二儿子相比，谁的家产多、家业大？皇帝的家业就是整个天下，继承者就是太子，一般来说太子就是嫡长子。"镝"，箭头。一支箭的箭头是铁制的，杀人于百米之外，战争双方制造箭的量在一定程度上决定战争的胜败。

"洗"是会意兼形声字。小篆的字形，左边是"水"，表字义，右边是"先"，表字音。《说文解字》中说："洗，洒（洗）足也。"因此，"洗"字的本义是"洗脚"。后来，其字义范围不断扩大，泛指用清水洗去污垢，即清洗干净，由此又引申为"清除"，如"洗牙""清洗"。在《楚辞》中有一篇《渔父》，文中渔父劝屈原："圣人不凝滞于物，而能与世推移。"屈原歌曰："沧浪之水清兮，可以濯吾缨；沧浪之水浊兮，可以濯吾足。"意思是不管水清水浊，对于一个善于变通的"圣人"来说，都能够变通以适应。水清了，则可以用来洗戴在头上代表着礼仪与尊严的帽缨；水浑浊不堪，用来洗自己的沾满泥土的双脚。水清水浊，对"圣人"都没有影响。在这里可见，古代人更多用"濯"（zhuó）来表示"洗"。宋代大儒周敦颐《爱莲说》中说："水陆草木之花，可爱者甚蕃。晋陶渊明独爱菊。自李唐来，世人甚爱牡丹。予独爱莲之出淤泥而不染，濯清涟而不妖。"在这里还用"濯"表示"洗"。"濯"与"洗"一个是书面语，一个是通俗语。随着汉语由文言向白话发展，"洗"逐渐代替了"濯"。

在中亚最大的城市、哈萨克斯坦的阿拉木图有一条以中国音乐家名字命名的"冼星海大街"，冼星海英年早逝，病逝后葬在莫斯科郊外，1983 年，在他病逝 40 年后魂归故里，墓葬由莫斯科郊外迁到广州市，可见冼星海在中国人民和苏联人民心中的地位。冼星海是《黄河大合唱》的曲作者，这首经典的音乐作品至今仍回荡在中国大地上。他姓冼，这个姓在中国南方较为普遍。南北朝时著名的女将军冼夫人生前战功卓著，她是广东茂名人。查字典可见："冼"，姓。还是"洗"的异体字。"异体字"就是一个汉字的另外一种写法，如有人把"并"写成"並"，有人把"够"写成"夠"。"並"是"并"的异体字，"夠"是"够"的异体字。鲁迅（周树人）先生也是个语言学家，他曾经在小说《孔乙己》里讽刺"孔乙己"这个落魄的"白发老童生"（已经老了却还没有考上秀才）对人炫耀的"回字有四种写法"的"学问"。今天我们只有在古汉语、古文学典籍中能见到异体字。

"泰"字的小篆字形，上方是一个人，下面是连在一起的双手，字形下方"水"在流，像双手在撩水，是洗澡的意思。"泰"字的本义是"洗澡"，因为洗澡洗去了身上的污垢，全身的毛孔都疏通了，由此引申为"通顺、通畅"，如"三阳交泰"；进一步引申为"安宁""舒适"，如"国泰民安"；"泰"也有"佳、美好"的意思，如"否极泰来"，意思是逆境达到极点，就会向顺境转化，指坏运到了头好运就来了。泰，在这里是"好兆头""好运气"的意思。泰山在山东境内，是"东岳"，也是五岳之首，有"天下第一山"的美誉。五岳，即东岳泰山、西岳华山、南岳衡山、北岳恒山、中岳嵩山，"岳"就是大山。"泰山"这个山名自古以来就有许多的解释。一是古人认为"泰，大中之大"，泰，同"太"，泰山就是"太山"，"太"同"大"（可以理解为最大、极大，如"太上老君"，在道家传说中是至高无上的），泰山就是极高大之山的意思。二是"泰"是《周易》一卦名，《周易》讲"天地交泰"，《周易集解》引荀爽曰："坤气上升，以成天道；乾气下降，以成地道。天地二气，若时不交，则为闭塞；今既相交，乃通泰。"泰山有平安之山、通泰之山的意思。历代统治者（皇帝）很多到泰山"封禅"。封禅，"封"为"祭天"，"禅"为"祭地"，指中国古代帝王在太平盛世或天降祥瑞之时祭祀天地的大型典礼，一般由帝王亲自到泰山上举行。唐开元年间，国泰民安，四海升平，玄宗动了封禅的念头。但封禅是国家的"大礼"，即非常神圣、隆重的礼仪，当初封禅的秦始皇、汉武帝

水：生命之源

等都是一代雄主，跟他们相比，玄宗李隆基有点心虚，犹豫不决。宰相张说却吹捧夸赞玄宗，极力促成封禅。以张说为代表的群臣力谏封禅，以显玄宗不世之功。一番谦让，玄宗欣然首肯。在他们的促成下，开元年间玄宗多次到泰山封禅。有一次封禅圆满完成，玄宗大宴群臣，其间玄宗见郑鉴身穿五品官位的绯红色官服，感到很奇怪，他记得郑鉴只是个九品的小官，便问郑鉴缘由。郑鉴面红耳赤，支支吾吾答不上来，旁边一个同僚讥讽道："此乃泰山之功也！"原来封禅当然要有随从，这些随从都是宰相张说遴选的。凡是张说欣赏的人，全都列入陪同皇帝登山的行列，他的女婿郑鉴也在其中，多次侍从玄宗封禅。封禅完成，玄宗一高兴，陪同登山的官员全部得以升迁，几次封禅下来，九品（比七品芝麻官还要低两"品"）官员郑鉴竟然连升几级，成了五品大官。从此，人们把妻子的父亲称为"老泰山"，又称"岳父"，就是这个来历。武则天是唐玄宗李隆基的奶奶，也是中国历史上唯一的女皇。武则天称皇帝几年后，干脆把"唐"的国号改为"大周"，她还给自己起了一个光照大地的名字"武曌（zhào）"，这个"曌"字是武则天为自己创造的，意思同"照"。武则天当皇帝时，有两个国都：长安（今西安）和"东都"洛阳。她长期在"东都"洛阳治国理政，多次就近到中岳嵩山封禅。今天很多游客到洛阳龙门石窟看到的卢舍那大佛，那是雕刻的匠人按照武曌的长相来雕刻的。因武曌封禅光临中岳，今天有一个地名"登封"，就是因此而得名。

"派"的甲骨文字形中，左边是"彳"，表示支流的通道；右边是河的干流，干流分出一条支流进入通道。"派"字的本义是"水的支流"，由此引申为"一个系统的分支"，如"派系""派别"；"派"还可以引申为"作风""风度"，如"正派""气派"；此外，"派"也可以用作量词，如"两派""一派胡言"。毛泽东的《菩萨蛮·黄鹤楼》："茫茫九派流中国，沉沉一线穿南北。"这里的"九派"指有九条支流汇入长江，"沉沉一线"指横贯南北的京汉铁路。"派"常常组成"流派""党派"等词语。"流派"指在学术、文化艺术等方面有独特风格的派别。"派"指水的支流，而"流"有"干流"（主流）和"支流"之分，"流派"是文学艺术专有名词，如说中国古典诗歌（诗词曲）有山水诗派、田园诗派、边塞诗派、豪放词派、婉约词派等，都是中国古诗词的流派。"党派"，指有共同政治主张的人组成的政治派别。

　　"温"字，会意兼形声字，甲骨文的字形像是一个人正在容器中洗澡。"人"旁边的四点表示水汽，水汽上升，因此意味着"暖"。小篆的字形左边是一个"水"字，右边的字形依然像是在洗浴。洗澡当然要用温水，这个"温"是"温热的"的意思。"温"字的本义是"暖"，由"暖"引申为"性情柔和"，如"温柔"；因为温暖有渐渐渗透的意思，因此又引申为"复习"，如"温习""温故而知新"；"温"用作名词，意思是"温度"。《水浒传》中鲁智深打死恶霸郑屠（鲁提辖拳打镇关西）后，为避祸在五台山为僧，因醉酒打坏寺院和僧人，被他的师父智真长老遣送往别处。在清代戏曲家邱圆的戏曲《鲁智深醉闹五台山》中，鲁智深辞别师父时唱道："漫搵英雄泪，相离处士家……"漫，聊、且的意思。搵（wèn），揩拭。"漫搵"就是"暂且擦拭一下"。"温习"是个比喻的说法，学过的知识和技能已经过了一段时间，就好像做好的饭菜放置在那里没有吃，凉了，要吃时，就要重新加温一下，这叫"温习"。孔子说："温故而知新，可以为师矣。"意思是说复习旧知识时能有新发现，就可以当老师了。中国古代儒家提倡"仁义礼智信、温良恭俭让、忠孝廉耻勇"，近代新文化运动否定了旧文化，但是即使是新文化运动的主将如胡适、陈独秀、李大钊、鲁迅、钱玄同等，骨子里仍刻着浓厚的儒家文化因素，可以算得上温和的儒者。今天的学校教育中"道德"课，并没有摒除性格温和、温和待人的标准。

"涉"的甲骨文字形中，中间是一条弯弯曲曲的河流，河流的两侧有两只脚（步，前后两只脚），表示人正在蹚水过河。"涉"字的本义就是"蹚水过河"。由此，引申为"经历""经过"，如"涉足"；"涉"也可以引申为"牵连""关联"，如"涉及""涉嫌""涉外"；此外，"涉"还有"阅览"的意思，如"涉猎群书"。说一个人从很远的地方来，"跋山涉水"，历尽艰辛。"跋山涉水"简称"跋涉"，强调行走的艰难，需要越过一道道重峦叠嶂的大山，蹚过一道道宽广急促的河流。庄子说："吾生也有涯，而知也无涯。以有涯随无涯，殆已！"生命是有限的，知识是无限的，凭着一个人一生的精力，不可能门门都懂、样样都精。历史上很多有成就的人提出了一个非常给力的读书办法："涉猎"，就是对一些书籍要泛读，粗略地读一读，浏览一下，因为如果对某方面的知识一无所知，不行；深入了解、全面掌握，又做不到，那样就只有"涉猎"了。涉，即步行过水，不深入水中了解水流态势；关于"猎"，繁体作"獵"，《说文解字》解释道："猎，放猎逐禽也。"而最早的"猎"，就是良犬的意思。从《说文解字》的解释上来看，狩猎时候架鹰唆犬、搭弓引箭，只是捕杀那些动物的老弱病残，留下幼兽、母兽使之繁衍生息，而不是把捕猎区围起来赶尽杀绝。初中语文课文《孙权劝学》中孙权对吕蒙说："孤岂欲卿治经为博士邪！但当涉猎，见往事耳。卿言多务，孰若孤？孤常读书，自以为大有所益。"作为管理吴国的吴王孙权来说，他希望手下大将吕蒙不能仅仅是一介武夫，而要读一些书，能够把自己的真实想法写成奏章报告给国家的最高管理者。吕蒙听了孙权的劝告后，发奋读书。一段时间后，都督鲁肃来视察吕蒙的防地。吕蒙就对蜀防备的事情讲得有条有理，还写了份建议书给鲁肃，鲁肃很惊讶。吕蒙说道："士别三日，即更刮目相待，大兄何见事之晚乎！"孙权叫吕蒙看书并不是叫他当什么大博士，而是叫他粗略地阅读，至少不要做文盲。吕蒙在管理好军务之余还广泛涉猎，由一个一介武夫的"吴下阿蒙"变成一个当刮目相看的儒将。

"深"是个会意兼形声字，从罙（shēn）声。甲骨文的字形就像一只手伸进一个洞穴中去探测洞穴的深浅。金文形体与甲骨文相似。到了小篆，才在"罙"左边加上"水"（" 氵"），这样"深"字的意思由洞穴的深浅转指"水深"，与"浅"相对。"罙"的"探测洞穴的深浅"意思由"探"来承担，"罙"加上手（扌），意思非常明确。"深"由"水深"又可以引申为"时间久"，如"深夜""深秋"。现在，"深"也指从表面到底部的距离，如"深度""深浅"；"深"还有"深刻""深远"的含义，除此之外，"深"还引申为"深厚""亲密"，如"难赋深情"。我们常用的"深谋远虑"这一成语，意思是周密谋划、考虑深远。"深夜"是"夜晚开始已经很长时间了"的意思，"深秋"是"秋天已经来临很长时间了"的意思。五代南唐后主李煜《相见欢·无言独上西楼》写道："无言独上西楼，月如钩。寂寞梧桐深院锁清秋。剪不断，理还乱，是离愁，别是一般滋味在心头。"李煜是五代十国时南唐最后一个皇帝，后世对他的称呼仿照对三国时蜀汉皇帝的称呼，蜀汉就有两代皇帝：开国皇帝刘备和亡国皇帝刘禅，刘备被称为"先主"，刘禅被称为"后主"。几百年后南唐开国皇帝李昪，被称为南唐先主；第二代皇帝李璟，在位时开疆拓土很有成就，被后世称为南唐中主；第三代皇帝也是亡国之君李煜，被称为南唐后主。李璟、李煜父子才华横溢，在词作上有突出成就，可以算得上父子皇帝词人。南唐亡国后，李煜写了很多表现国破家亡的愁苦的词，大家耳熟能详的是《虞美人·春花秋月何时了》《相见欢·无言独上西楼》等。李煜的词借"寂寞梧桐深院""深秋""雕栏玉砌应犹在，只是朱颜改"等意象来表现国破家亡之痛。《相见欢》的大致意思是：默默无言，孤孤单单，独自缓缓登上空空的西楼，抬头望天，只有一弯如钩的冷月相伴。低头望去，只见梧桐树寂寞地孤立院中，幽深的庭院被笼罩在清冷凄凉的秋色之中。"清秋"就是"深秋"，因为前边有"深院"，为了避免重复，就用"清秋"来代替"深秋"。"清"，透明清晰的，"山清水秀"常常被错写成"山青水秀"，"山清水秀"也叫"山明水秀"，那是指山上的雾霭、瘴气消散得干干净净，山色清晰明朗，河水秀丽。"山清水秀"由"山水"和"清秀"两个词合成。同理，"水深火热"由"水火"和"深""热"组成，来比喻人民生活处境极端艰难痛苦，好像在淹没头顶的深水或熊熊燃烧的大火中挣扎一样。

　　"浆"字属于水部，甲骨文的字形左下方是几案的形状，右下方是"肉"的形状，顶部的三个点表示切肉时溅出的血滴。"浆"字的本义为"血浆"，后来引申为一种带酸味的饮料，进一步引申为"酒"。现在，"浆"一般指比较浓的液体，如"豆浆""纸浆"；"浆洗"意思是用粉浆或米汤等浸润纱、布、衣服等物。"酱"字属于"酉"部，从酉，爿（qiáng）声。本义：用盐醋等调料腌制而成的肉酱，后来指用麦、豆等发酵制成的调味品。"浆"的"水"部表明这个字是一种液体，较浓；"酱"的"酉"表明这个字表示一种发酵的食品，不属于液体。

　　"酒"字，甲骨文的字形右边是一个酒瓶，酒瓶左侧的曲线表示流出来的酒液。金文的字形像一个大酒瓶，用它来代表酒。

小篆的形体，左边是"水"，表示酒是一种液体，右边是酒瓶，整合在一起表示"酒"。"酒"字的本义就是"喝的酒"，现在泛指"用高粱、米、麦或葡萄等发酵制成的含乙醇的饮料"，如白酒、黄酒、啤酒、葡萄酒等。"酒"还指"酒席、酒吧、酒精"等。我国远古先人们从森林里走出来，学会种植的同时就学会酿酒。据《史记》记载，"酒圣"杜康是夏朝的国君，也是中国古代传说中的"酿酒始祖"，《说文解字》载："杜康作秫酒。"因杜康善酿酒，后世将杜康尊为酒神，制酒业则奉杜康为祖师爷。后世多以"杜康"借指酒。杜康的儿子黑塔发明了醋。酒和醋是两种饮料，都需要发酵、酿制。千年以后，曹操《短歌行》中还写道："何以解忧？唯有杜康。"可见杜康酒千年以后还是名牌酒。今天，河南洛阳伊川县和平顶山汝州市都产杜康酒。而著名的"西凤酒"，就是周部落发源地酿造的名酒。据说周部落崛起时，凤鸣岐山，凤凰集中在岐山上鸣叫，预示着周部落要崛起占有天下。《左传·昭公十二年》："有酒如渑，有肉如陵。"意思是有酒如渑水长流，有肉如堆成的小山冈。叫"渑水"的河流有几条，这里的渑水，据说在山东。

据说殷朝（商朝中期，国王盘庚把国都迁到殷——今天的河南安阳后，商朝又被称为殷朝）人特别喜欢喝酒，殷纣王"以酒为池，以肉为林"，酒瘾上来了在池子旁喝几碗，下酒菜是悬挂如林的肉，这就是"酒池肉林"的来历。商人（商部落的人，源于今天河南商丘）建立了商朝，商部落的人善于做买卖，今天的买卖人就叫商人。《史记》记载殷纣王"为长夜之饮"，饮宴（吃喝）总是到深夜，第二天当然无法治国理政了，殷朝因此灭亡，国都朝歌被周武王带领的盟军攻陷，纣王自焚。这是因酗酒而亡国的最早记录。今天，河南洛阳东有偃师市（现为洛阳市偃师区），洛阳北有孟津区，这些地名均来自"武王伐纣"时，至今已经有 3000 多年的历史。"偃师"就是周武王带着周部落伐纣的军队到了洛阳东，在那里停留了几天，这个地方因此得名"偃师"。"偃"从人，匽（yàn）声。本义为仰卧，引申为放松警惕歇息；"师"就是军队。周军在偃师停顿几天，为的是等待各路同盟军在此会合，他们会师在黄河的渡口上，这里便于渡过天险黄河，这个会合的渡口就是"盟津"，后来被误传为"孟津"。津，渡口。无人问津，出自陶渊明的《桃花源记》"后遂无问津者"，意思就是再也没有人来寻找桃花源的渡口了。今天的大城市天津，得名于明朝。明朝开国皇帝朱元璋登基后，将他的儿子们分封为王，驻守在全国各地。其四子朱棣被封为燕王，驻守北平，就是现在的北京。朱元璋去世后，传位给他的长孙朱允炆。朱棣为与朱允炆争夺皇位，发动了中国历史上的"靖难之役"。1399 年，燕王朱棣率军南下，从天津三岔口渡河袭取沧州，于 1402 年攻入当时明朝的首都南京，登上了天子宝座。朱棣登基后，对他争夺天下时经过的三岔河口十分赞赏，认为是块风水宝地，叫群臣献名。最后，朱棣选中"天津"二字，意为"天子渡河之地"，天津由此得名。

"商"的本义是估量、计算。"三个臭皮匠，顶个诸葛亮。"众人的智慧是一定胜过一个人的智慧的，所以对重大的事项进行估量、推算，有众人在一起商讨、估量，是个很好的办法。"商"字中的"口"就是开民主会，大家你一言我一语，权衡利弊，这样可以提高成功的概率。"商业"是一个对市场要进行超前预算、估量的行业，商量不到、估算不准就可能失败。发源于今河南商丘一带的商部落善于经商，这个部落建立的政权就叫"商"。今天的郑州叫"商城"，就是当时"商人"筑建的城市。"商人"逐利而行，有很大的流动性，这也是商王朝不断迁都的原因。"商都"最后迁到殷，即今天河南安阳市小屯村，所以商朝又叫"殷商"。

"周"的甲骨文是一个象形字，像在一块田地里种植粮食作物，栽种得很周密，四周都没有空白地。"周"也有周密的意思，即"善用口而周"，就是善于发扬民主、集思广益，把事情谋划得很周密。谷神后稷的裔孙古公亶（dǎn）父（季历，也就是姬历，即周太王）为狄所逼，率领族人自豳（bīn，今天陕西彬州市和旬邑县一带）迁徙至陕西岐山下周原，从此称为周族。古公的曾孙姬发，继承其父姬昌的遗志，会八百诸侯于孟津渡，一起攻灭商朝，建立周朝。周朝（前1046—前256）是中国历史上继夏、商之后的第三个奴隶制国家。周王朝一共历34王，享国共计791年。周朝实行分封制（封邦建国），周王则为"天下共主"。周王朝是古代奴隶制度社会的鼎盛王朝。

中国古典诗词中有许多描写酒的诗句。李白《将进酒》里说："古来圣贤皆寂寞，惟有饮者留其名。"的确，大诗人曹操、陶渊明、李白、杜甫、苏轼、陆游等人都爱酒，他们喜欢酒后赋诗,留下许多千古名篇。杜甫有《饮中八仙歌》,刻画了李白、贺知章、张旭等八个善饮"酒中八仙人",用诙谐幽默的语言将他们的特点生动传神地刻画了出来。其中写道:"李白斗酒诗百篇,长安市上酒家眠,天子呼来不上船,自称臣是酒中仙。"李白饮酒之后才思泉涌,赋诗作文才气十足,堪称"诗仙"加"酒仙"。传说李白醉酒后要唐玄宗最宠爱的妃子杨贵妃磨墨,要唐玄宗最宠信的宦官高力士脱靴,最终得罪这两个皇帝身边的红人而丢掉翰林学士的官职。李白"五花马,千金裘,呼儿将出换美酒,与尔同销万古愁""抽刀断水水更流,举杯消愁愁更愁",杜甫"朝回日日典春衣,每日江头尽醉归。酒债寻常行处有,人生七十古来稀"。古代的文士中有很多贪杯豪饮的人,"不胜杯杓"者寥寥,女作家也不例外。李清照"常记溪亭日暮,沉醉不知归路,兴尽晚回舟,误入藕花深处""三杯两盏淡酒,怎敌他、晚来风急"。他们不但喝酒,而且写酒、歌颂酒,好像酒以及有关酒的题材真的能够浇其胸中块垒、启其神妙的文思。酒几乎成了古代文学创作的"永恒的主题"。

"泥"的小篆字形左边是"水",表形旁,表示与水有关;右边的"尼"是"昵"(亲昵)的本字,表示亲近。意思是水和土混合而成即为"泥"。"泥"字的本义是"水和土的混合物"。其本义沿用到现在,如"泥坑""泥潭""泥巴"。因为土和水混合之后不再具有直立性,所以说一个人喝醉酒了"烂醉如泥",像一摊泥瘫软在地上。宋朝和尚普济《五灯会元·

灵岩圆日禅师》："三脚驴儿跳上天，泥牛入海无踪迹。""泥牛入海"，泥做的牛一到海里就会化掉，比喻一去不复返、石沉大海、杳无音信。宋朝，另外一个和尚释道原《景德传灯录》："主人勤拳；带累阇梨；拖泥涉水。""拖泥涉水"后来变成"拖泥带水"，比喻办事不利落，不简洁，拖拖拉拉。宋朝大文豪苏轼《和子由渑池怀旧》："人生到处知何似？应似飞鸿踏雪泥。泥上偶然留指爪，鸿飞那复计东西。"苏轼之弟苏辙曾写了一首《渑池怀旧》诗，苏轼就以上面这首诗和他，所以这首诗的题目叫作《和子由渑池怀旧》。苏轼和苏辙兄弟俩，曾到过渑池，并曾在那儿的一座寺院里住宿过，寺院里的老和尚奉闲还殷勤地招待他们，他们也在寺内的壁上题过诗。当苏轼后来从苏辙的怀旧诗回忆起这些情景的时候，奉闲已经去世，题诗的墙壁也可能已经坏了，想想自己漂流不定的行踪，不由得感慨起来，因此作诗。"雪泥鸿爪"，鸿雁在雪地上留下的爪印很细小，很模糊，比喻往事遗留的痕迹。清朝文学家袁枚《随园诗话》第一卷："人称大才者，如万里黄河，与泥沙俱下。""泥沙俱下"，泥土和沙石一同被水冲下来，比喻好坏不同的人或事物都混杂在一起。

"泥"后来词义扩大，引申为像泥的东西，如"印泥""枣泥""蒜泥"。还可用作动词，读音变化为 nì，意思是"粘胶、涂抹"，如"泥窗""泥墙"。还有"固执、死板"之意，如"拘泥"，因为对人或物、规则了解不够，很拘束，不能灵活运用，造成拘泥。拘，从手（扌），句声，今天常见组词"拘捕"，就是把手绑起来，比喻不灵活。汉字的词性发生变化，读音随之变化，这样的汉字较多，也较为普遍。这里随便举几个例子（见表1）。

表1 汉字词性变化举例

处	①chù（用于名物义）处所、住处、长处、售票处
	②chǔ（用于动作义）处罚、处暑、处理、和平共处、处心积虑
缝	①féng（用于动作义）缝纫、缝补、裁缝
	②fèng（用于名物义）缝隙、门缝、见缝插针
膏	①gāo（用于名物义）药膏、雪花膏、民脂民膏
	②gào（用于动作义）膏油、膏车、膏墨、膏笔
冠	①guān（用于名物义）免冠、冠冕堂皇、冠心病、皇冠
	②guàn（用于动作义）冠军（来自"勇冠三军"义）、夺冠、弱冠（尚未行"冠礼"）、全班之冠
号	①hào（用于名物义）号角、名号、号码、符号、第一号
	②háo（用于动作义）呼号、号叫、寒号虫（一种动物）、哀号
泊	①pō（用于名物义）湖泊、血泊、梁山泊
	②bō（用于动作义或性状义）停泊、泊岸、泊位、漂泊、淡泊名利
铺	①pū（用于动作义）铺路、铺轨、铺陈、铺张
	②pù（用于名物义）饭铺、卧铺、铺板、十里铺（驿站）
强	①qiáng（用于性状义）强盛、强硬、强暴、逞强；强取豪夺、博闻强记、强行
	②qiǎng（用于动作义）勉强、强迫、强逼、强词夺理、强笑、强辩、强人所难、强颜欢笑

"溺"的甲骨文字形中，左边是一个人形，右边是个"水"，意思是人沉没于水中。"溺"字的本义是"沉没、淹没"，如"溺水"；"溺"在古代也指"小便"。现在，"溺"字引申为"沉迷不悟、无节制"，如"沉溺""溺爱"。"溺爱"，过分的疼爱。今天我们阅读古诗文，往往被很多不熟悉的字词吓退，很多人"绕着走"，其实是很难绕开的，因为今天是昨天的继续，历史从古代走到当代，古代很多文化都留在当代的文化里。如笔者曾见过这样四个字——"长沮桀溺"，当时的反应是不敢去读，当然也不会深入理解记忆了。原文是这样的：

长沮、桀溺耦而耕，孔子过之，使子路问津焉。

长沮曰："夫执舆者为谁？"子路曰："为孔丘。"曰："是鲁孔丘与？"曰："是也。"曰："是知津矣！"

问于桀溺。桀溺曰："子为谁？"曰："为仲由。"曰："是鲁孔丘之徒与？"对曰："然。"曰："滔滔者天下皆是也，而谁以易之？且而与其从辟人之士也，岂若从辟世之士哉？"耰而不辍。

子路行以告。夫子怃然曰："鸟兽不可与同群，吾非斯人之徒与而谁与？天下有道，丘不与易也。"

这段话是《论语》中的篇章。尽管不敢去识读"长沮桀溺"这四个字，但是笔者还是大致读懂了这段话的意思：孔子和他心爱的学生子路周游列国到了一条大河边，因为不知道渡口，孔子派子路去向长沮、桀溺询问渡口在哪里，结果渡口没有问到，反倒被这两个人羞辱了一番。子路把问询的结果告诉孔子，孔子也没有什么办法，渡口的事没下文了。理解到这个程度，笔者也因为"长沮桀溺"这四个字难于识读，就没有深究下去。后来笔者又看到了这段文字，这一次是在读《史记·孔子世家》时，文字大致差不多。司马迁是笔者一直钦佩的文学家、史学家，怀着敬仰的心情把这段话读懂了。

去叶，反于蔡。长沮、桀溺耦而耕，孔子以为隐者，使子路问津焉。长沮曰："彼执舆者为谁？"子路曰："为孔丘。"曰："是鲁孔丘与？"曰："然。"曰："是知津矣。"桀溺谓子路曰："子为谁？"曰："为仲由。"曰："子，孔丘之徒与？"曰："然。"桀溺曰："悠悠者天下皆是也，而谁以易之？且与其从辟人之士，岂若从辟世之士哉！"耰而不辍。子路以告孔子，孔子怃然曰："鸟兽不可与同群。天下有道，丘不与易也。"

他日，子路行，遇荷蓧丈人，曰："子见夫子乎？"丈人曰："四体不勤，五谷不分，孰为夫子！"植其杖而芸。子路以告，孔子曰："隐者也。"复往，则亡。

这一次，笔者正视这段记述，仔细思考。"长沮桀溺"这四个字我都认识，"沮"，就是"沮丧"的"沮"；"桀"，"桀纣"的"桀"；"溺"，"溺爱"的"溺"。"长沮桀溺"都认识，有什么可怕的？司马迁这段话来自《论语》，补充了一些，这对初学者太有帮助了。笔者的理解如下。

孔子和他的学生子路到了"叶"这个地方，想去拜见叶公，和叶公探讨治国理政的方略。叶公是"叶"地的政治家、实干家，对于乘着牛车周游列国一直不得志、找上门来的孔子师徒不以为意，并没有多理会他们。孔子师徒只好离开了叶，继续到蔡国去游说。在回蔡的路上，遇到长沮、桀溺两人一起在田里耕作。〔耦（ǒu），形声字，从耒，禺（ǒu）声。耒（lěi），即耒耜，翻土工具。本义：二人并肩耕地。〕孔子看出了他们是隐居的高士，就叫子路前去向他们打听渡口在哪里。长沮问："那车上拉着缰绳的人是谁？"子路说："是孔丘。"长沮说："是鲁国的孔丘吗？"子路说："是的。"长沮说："那他应该知道渡口在哪儿了。"子路碰了壁，又去问桀溺。桀溺问道："你是谁？"子路说："我是仲由。"桀溺说："那你就是孔丘的门徒啰！"子路说："是的。"桀溺说："天下哪儿都是一样的动荡啊，但是又有谁能改变这种局势？况且你与其跟着那逃避暴君乱臣的人到处奔波，还不如跟着我们这种避开整个乱世的人来得安逸自在呢！"说着，就不再搭理子路，自顾去下种覆土了。子路把问路的情形报告了孔子，孔子怅然地说："人总该有社会责任的，怎可自顾隐居山林，终日与鸟兽生活在一起。天下如果清明太平的话，那我也用不着到处奔走想要改变这种局面了。"

又有一天，子路一个人走着，遇上一位肩上挑着除草器具的老人。子路请问道："您可看见了我的老师？"老人看了看子路的打扮，说："你们这些人，手脚都不劳动，五谷也分不清楚，谁是你老师我怎么会知道？"说完只管拄着杖去除草。事后子路把经过告诉了孔子，孔子说："那是一位隐士。"叫子路回去看看，老人却已走了。

司马迁是汉武帝时代的人，他写的《史记》是中国历史上第一部纪传体通史，作品中撰写了上自上古传说中的黄帝时代，下至汉武帝太初四年（前101）共3000多年的历史，总计五十二万六千五百余字。司马迁是惜墨如金的。孔子活了72岁，一生一世开门收徒，周游列国，宣传自己的政治主张，见过的诸侯很多很多。那么司马迁为什么要在"问渡口"处大书特书，花费这么多笔墨呢？

大文豪司马迁是有深意的，这可以从《史记·陈涉世家》开头发现端倪。

陈胜者，阳城人也，字涉。吴广者，阳夏人也，字叔。陈涉少时，尝与人佣耕，辍耕之垄上，怅恨久之，曰："苟富贵，无相忘。"佣者笑而应曰："若为佣耕，何富贵也？"陈涉太息曰："嗟乎！燕雀安知鸿鹄之志哉！"

"陈王奋起挥黄钺"，汉王朝就是在陈胜吴广的"张楚"政权之上建立的。司马迁把这两个被征发的"闾左"（穷苦人家）的"戍卒"写进诸侯王的行列，给予极高的评价。司马迁通过写"陈涉少时"的一件小事，表现了陈王自小就有鸿鹄之志，有思想，有远大志向，不是浑浑噩噩之辈。他后来奋起揭竿斩木推翻暴秦统治，是有思想根源的。

同理，司马迁通过"长沮桀溺"和"荷蓧丈人"的两件小事，阐述了孔子的政治理想、主张，以及旁人对他的看法。

孔子是个大思想家，司马迁写这两则小事，抓住了中心，突出了主题。

孔子从"仁者爱人"的立场出发，想要拯救斯民于水火，这种为世而忧、为国而忧、为民而忧、为时而忧、身处逆境而心忧天下的胸襟抱负是很宝贵的，是儒家精神的精髓。派子路问津这个小故事表现了孔子四处碰壁而志向不改、走投无路却毫不懈怠的崇高精神境界。这种坚贞不移、锲而不舍的入世精神已经融入中国封建士大夫的人格。后世儒者"穷则独善其身，达则兼济天下"，而孔子，是在穷途末路上也要"济天下"的，是积极"入世"的。孔子的话表明，人是社会性的动物，不能离开社会而独自生活，要有社会责任感，否则就失去了作为一个人存在的价值。作为一个人，理应关心人、同情人，尽自己力量改造社会，把人类从动乱痛苦中解救出来。千年以后的陆游说"位卑未敢忘忧国"，更长时间以后顾炎武说"天下兴亡，匹夫有责"，都是对孔子的话的深入而准确的阐释。

显然，长沮、桀溺是隐士，他们不满于当时的黑暗现实，不与统治者合作，选择了避世隐居，以求洁身自好。这是消极"出世"（逃避社会）的，与孔子信守自己的政治理想，积极入世，"知其不可为而为之"的人生态度正好背道而驰。正如孔子所说的，"道不同，不相为谋"。对入世执着的孔子并没有想要隐士一道救世的意图，反倒是应该与世无争的隐士长沮、桀溺企图说服孔子的弟子改弦易辙，跟随他们一起隐居。俗话说，人各有志，不能相强，从这个角度说，长沮、桀溺的气度确实是有点小了。荷蓧丈人，一个老者挂着拐杖，背着除草工具，至垂老暮年还要下地除草，对"四体不勤、五谷不分"的孔子师徒更是瞧不上，但是孔子把他看成隐士，对他的讽刺挖苦深深理解，表现出宽厚容人的气度。

阅读古文，不可"以今推古"，而应该接受古人的名字。长沮、桀溺，就是那两个高士的名字，这没有什么稀奇古怪的。《三国演义》中写道，那个"好谋无断""见利忘义"的袁绍却有一个很优秀的谋士叫"沮授"，看来他就姓沮，今天"沮丧"这个不良情绪是我们认识"沮"字的开始。"沮"是个会意兼形声字，从水，且（jū）声，原来是一条河的名字。但此并非本义，本义为低湿的烂泥地。

"沉"的甲骨文字形中，中间是牛头的形状，牛头周围的几个点表示水滴，整个字形表示在水中沉没了一头牛。金文的字形右边是个人形，人的脖子上系着一根绳索，左边是水，即"沈"，表示人沉在了水中。"沉"字的本义是"沉没"，后来引申为"重、分量大"，如"铁比木头沉"；进一步引申为"镇静、不慌张"，如"沉着应战"。此外，"沉"也表示"程度深"，如"沉思""沉重"。宋代词人柳永著名词作《雨霖铃》有"念去去，千里烟波，暮霭沉沉楚天阔"，很多版本是"念去去，千里烟波，暮霭沈沈楚天阔"，当初笔者看到这一版本时，觉得"暮霭沈沈楚天阔"非常难以理解，原来"沈"同"沉"。今天，"沈"多做姓，沈姓是全国大姓，来源于春秋时期的沈国。西周分封文王之子季载于沈，古城在今河南平舆北，侯爵，公元前 506 年为蔡国所灭，子孙以国为氏。中国的姓氏很多来源于古代国家名称或者地方名称，沈姓就是这样。沈国这个国家境内有一条河叫"沈"，国家依此得名。

"氵"做偏旁的汉字很多，我们在本书中只是举以上例子，以下谈一谈两个与"氵"有关的汉字故事。

郭沫若是中国著名的文字学家，也是一个热爱家乡的诗人、剧作家，他生于四川，四川盆地里曾经诞生了司马相如、李白、苏轼等大诗人。他本名郭开贞，"沫若"是他为自己起的名字。1919 年，他在日本留学时，才取了"沫若"这个笔名。"郭沫若"是他常用的笔名，为什么取名"沫若"呢？"沫""若"，即沫水和若水。沫水，古水名，即今大渡河，是岷江最大的一条支流，在四川省西部。若水，古水名，即雅砻江，是金沙江的一条支流，也在四川省西部。沫水、若水是流经郭沫若家乡的两条河流。郭沫若取此二水作为笔名，是表示他身在异邦、不忘家园的意思，也表现了他强烈的爱国主义思想。

中学语文课文《木兰诗》中有"可汗"这一名称，原作"可寒"。公元 4 世纪以后，北方游牧民族柔然、突厥、回纥、吐谷浑、黠戛斯、蒙古等建立的汗国，其最高统治者皆称可汗。最初，"可汗"这个称呼是部落里一般部众对首领的尊称，在嘎仙洞遗址的《太平真君四年石刻祝文》中，称"可寒"，原意是"国王"。唐太宗李世民在对北方少数民族，特别是突厥的战争中取得了一系列的胜利，被周边的少数民族称为"天可汗"。后来崛起于蒙古高原的铁木真建立蒙古政权后，称"成吉思汗"，"成吉思汗"是蒙古语，意思是"拥有四海、强大的可汗"。在"成吉思汗"这一称谓中，"可汗"这一词缩减为"汗"。这一现象是"汉化"的结果。什么是"汉化"呢？就是周边的少数民族在和汉族的文化交流中（包括战争），逐渐接受了汉民族的文化。这时"汗"就成了"国王"的意思。其实，"可汗"是一个音译词，也译作"可寒"，在"可寒"这个词中，"可""寒"只保留了读音，没有"可以""寒冷"的意思，合在一起是"国王"的意思。"可汗"也是这样，缩减为"汗"，建立的国家叫作"汗国"，都遵从了汉语的规律。其中"汗"（hán）成了"国王"的意思，和汉语本来的"汗"（hàn）读音不同，意思不同。

二、冫部

"冫"作部首时，被称为两点水或冰字旁。两点水这一称呼，显然是与"冫"相关联的。但有人对此表示反对，认为"冫"与水无关，在金文中两"冫"点为实心圆点，两圆点是指铜饼一类金属。从"冫"所属汉字来看，大都因冷而凝固成固体，这与金属还是有一定关联的。还有比"氵"少一点的传统意义，有人理解为因寒冷，比"氵"减去一点也能说得过去。

"冫"绝大部分在汉字左边，在汉字下方的很少，如冬、寒、溺等。综合分析，从"冫"汉字大致可分为四类：一是表冷，二是由"氵"讹变，三是表声，四是由二变形而来。

"冫"表冷，篆文写作"仌"（bīng），两块冰相累加，表示多块冰。

"冰"，从水，指水因冷凝固而成。荀子《劝学》是一篇励志之作，很多学校把这篇文章刻、塑在广告墙上。开篇说："君子曰：学不可以已。青，取之于蓝，而青于蓝；冰，水为之，而寒于水。"学生学习需要老师，但是学生往往要超过老师，这样社会科技文化才能进步。"青，取之于蓝，而青于蓝"，这道理谁都懂，古代染各种纺织物都要用颜料，这个颜料一般从植物中提取。"染"中的"木"就是指这种植物，"氵"表示把这种植物放在水里浸泡，"九"表示反复浸泡、提取和染色。中国古代封建社会的标准模式是"男耕女织"，自给自足，所以提取植物茎叶中色素的劳动非常普遍和常见，任何一个人参与了这一反复的劳动，就能理解"染"的各个部分的含义，不会把"九"误写成"丸"。今天，社会分工越来越细，一般人很少有机会见到染这种工作，不懂得提取植物颜色和反复浸染的劳动的重复单调，不知不觉中就把字写错了。《劝学》的作者荀况（荀卿，荀子）是一代儒家大师，也是孔孟之门的著名学者，他有两个学生，一个是李斯，另一个是韩非。李斯和韩非都是战国末期著名的法家学派人物，按"诸子百家"去分，他俩和老师荀况不一样，他们不但继承了老师的思想，而且有很大的发展。儒家主张以文化人，就是教化人；法家主张以法治人，就是管理人。荀子教出了两个大思想家，这就是"青出于蓝而胜于蓝"的典型例子。"冰，水为之，而寒于水"和"青，取之于蓝，而青于蓝"的道理是一样的，寓意也往往是一样的。冰冻三尺，非一日之寒，在中国东北的江河湖上，冬天结冰的江面等可以承受一辆汽车通过，可见冰的厚实坚硬，但是你看到这么强大的冰封是水忍受了数九寒天后封冻而成的。

"冻"，形声字，原义是"水遇寒冷，凝结成坚硬的冰块"。"遇冷结冰"这个意思在现代汉语中好像不常见，但实际上是我们没有"咬文嚼字"，没有意识到。如我们还经常说冬天"天寒地冻"的，意思是天变寒冷了，地上结冰块了，只不过是这样说，依然没有深入推敲，把注意力放在"天寒"而忽略了"地冻"。我们也说大连港是"深水不冻港"，意思是大连港在冬季时，海平面不结冰，轮船正常航行。初中课文《白雪歌送武判官归京》是唐代诗人岑参的名篇，描绘了西北边塞将士们在艰苦奇寒的环境中戍边的情形：

北风卷地白草折，胡天八月即飞雪。

忽如一夜春风来，千树万树梨花开。

散入珠帘湿罗幕，狐裘不暖锦衾薄。

将军角弓不得控，都护铁衣冷难着。

瀚海阑干百丈冰，愁云惨淡万里凝。

中军置酒饮归客，胡琴琵琶与羌笛。

纷纷暮雪下辕门，风掣红旗冻不翻。

轮台东门送君去，去时雪满天山路。

山回路转不见君，雪上空留马行处。

此诗突出写"冻",冬天来了,北风怒吼,地上的落叶被席卷一空,不仅如此,坚韧的白草也被风吹刮断了,生活在中原的人怎么能料想到"胡天八月即飞雪",农历八月,中原大地正是百草丰茂、瓜果飘香、喜看稻菽千重浪的初秋,而胡地却早早下了大雪,这大雪不是"雪落黄河静无声",而是"燕山雪花大如席,片片吹落轩辕台"。早上醒来,中军帐外"千树万树梨花开",仿佛一夜之间跳过秋冬两季直接到了春天。"纷纷暮雪下辕门,风掣红旗冻不翻",旗帜是大唐帝国政治军事力量的象征,可是竟然不飘扬了,而是朝着一个方向一动不动。大军的中军帐像一尊白色的雕塑,而旗帜就像上面一片片彩色的雕塑墙,一动不动。仔细想想是因为旗帜上附着了厚厚的、晶莹剔透的冰雪,在"卷地白草折"的北风中也不再飘扬了。

"冻"的本义后来引申为"受冷""遇到寒冷",这一意思在现在常用。

冷、凉、凛、冽等均为形声字,都有冷的意思,只是程度不同。"冷",形声字。从仌,令声。上元二年(761)的春天,杜甫在成都浣花溪边盖起了一座茅屋,总算有了一个栖身之所。不料到了秋天,大风破屋,大雨又接踵而至。诗人长夜难眠,感慨万千,写下了《茅屋为秋风所破歌》这首脍炙人口的诗篇。杜甫的诗写的是自己的数间茅屋,表现的却是忧国忧民的情感:

八月秋高风怒号,卷我屋上三重茅。茅飞渡江洒江郊,高者挂罥长林梢，下者飘转沉塘坳。

南村群童欺我老无力，忍能对面为盗贼。公然抱茅入竹去，唇焦口燥呼不得，归来倚杖自叹息。

俄顷风定云墨色，秋天漠漠向昏黑。布衾多年冷似铁，娇儿恶卧踏里裂。床头屋漏无干处，雨脚如麻未断绝。自经丧乱少睡眠，长夜沾湿何由彻？

安得广厦千万间，大庇天下寒士俱欢颜！风雨不动安如山！呜呼！何时眼前突兀见此屋？吾庐独破受冻死亦足！

杜甫以为草堂修缮后很厚实，没想到一阵秋风刮来，掀翻了屋顶上的茅草，秋冬季节苦雨下来，屋子里到处都漏水，加上"布衾多年冷似铁"，被子潮湿，棉絮很少，被窝里很凉，根本无法入睡。在这种境遇中的杜甫，还在忧国忧民，梦想着"安得广厦千万间，大庇天下寒士俱欢颜，风雨不动安如山"，如果是那样，"吾庐独破受冻死亦足"。古往今来，穷人的待遇不如富人的鸟兽。白居易在《鸟夜啼》中感慨道："画堂鹦鹉鸟，冷暖不相知。"鹦鹉鸟在富人雕梁画栋的温室中，感受到的是四季如春，比在寒风中奔走呼号、烈日下锄禾、暴雨中挣扎的穷苦人的境遇好多了。冷暖不相知，就是不知道冷暖。冷和暖是一对反义词。"冷"由自然气候、温度的"凉"变化为对别人冷淡、不热情。长期被冷淡对待的人，门前冷落，就是曾经红极一时的歌舞明星也有"门前冷落鞍马稀"的那一天。

笔者幼年时，精神生活极为贫乏，没有书，没有电视，往往跟着大人摸黑儿走十几里去看传说中的电影，有真看到了电影的，也有白白跑大半夜的情况。偶然有盲人到村子里，在昏黄的煤油灯下，被劳累一天的村民围拢着说评书，说到北宋与辽、西夏对峙，当时不太了解西夏疆域的范围，后来才知道原来西夏国和五胡十六国时的西凉所控制的区域相差不远。汉武帝时国力强盛，于是决定北击匈奴，解除强大的草原游牧民族对汉王朝的威胁，骠骑将军霍去病率领军队多次击败匈奴，夺取了祁连山北、今天称为"河西走廊"的广大区域，和张骞"凿空"的西域三十六国相连，从此"葡萄入汉家"。汉朝在此设置了"河西四郡"，即武威郡、张掖郡、酒泉郡、敦煌郡（四郡大致由东往西），大致包括今甘肃省西部的武威市、金昌市、张掖市、酒泉市、嘉峪关市、内蒙古自治区西部的阿拉善盟一带。武威，即武功军威之意，以显示汉帝国的武功和军威到达河西。张掖，断匈奴之臂，扩张汉朝之臂腋。酒泉，扼守河西走廊西北要冲，因城下有泉，当汉武帝派人把庆功酒送到霍去病的军帐里时，霍去病下令把皇帝的赐酒倒进泉水里，和千千万万出生入死的将士分享，脚下的土地得名"酒泉"。敦煌，即盛大辉煌之意。武威郡后来变称"凉州"、张掖郡后来变称"甘州"、酒泉郡后来变称"肃州"、敦煌郡后来变称"沙州"（今天下辖瓜州县，从名字可以闻到这里茫茫的沙漠戈壁上有绿洲，瓜果飘香）。至此，我们可以明白甘肃省的名称由来。汉唐之际，凉州是中国西北地区仅次于长安的最大古城，东晋十六国时期的前凉、后凉、北凉皆在此建都。它还是古代中原与西域经济、文化交流的枢纽，"丝绸之路"西段的要隘，中外商人云集的都会，并一度成为中国北方的佛教中心。著名的凉州词（曲）、西凉乐、西凉伎都曾在这里形成和发展，对保存中国古代传统文化、传播西域文化起了很重要的作用。凉州，在中国艺术史上留下了浓墨重彩的一笔。

"京"左边加"冫"为"凉"，加"讠"为"谅"（原谅，谅解），加"日"为"晾"，据此我们可以推断"凉"是形声字，不再为"凉"不读"京"而疑惑了。这正如"江河"的"江"和"扛"都是形声字的道理一样。文字经过几千年的变化，字义、字形都发生了很大的变化，但读音的变化不大。学习汉字，应该勤于思考，找到规律和窍门，做到举一反三。

"凛""冽"常常在一起使用，一般指极为寒冷，严寒刺骨，常用于形容隆冬时的寒风。有时指态度严肃、令人敬畏。唐代诗人皮日休有著名诗句："自为方州来，清操称凛冽。"意思是那一群人自认为头顶着圆圆的蓝天，脚踏着方方正正的大地，应该正道直行、顶天立地，所以他们高尚的节操令人生畏。一个方正贤良之士的节操是"凛冽"的、冷冰冰的、令人生畏的，这也正是他们不太受欢迎的原因所在。"冷"的小篆字形中，左边是"冫"，表示寒冷；右边是"令"，表声旁，表示"命令"，命令不能抗拒，整合在一起的意思是寒冷是难以抗拒的。一个正直的人，虽然未动怒，但他讲道理、遵守法则，仍具有威严的气质，如传说中的包拯，他正气凛然，不怒自威，连皇帝也怕他。"冷"字的本义是寒冷，其本义沿用至今。现在，"冷"还有"寂静、不热闹"的意思，如"冷落"

"冷寂"，如上文引用的白居易的诗句"门前冷落鞍马稀"；进一步引申为"不受欢迎的"，如"冷清"。

"寒"的金文字形中，外面是一个房子（宀），屋子的中间是瑟瑟发抖的"人"，脚下踩着两块冰，意思是寒从脚起；人的四周都是草，表示在屋子内铺草御寒。"寒"字的本义是"寒冷"，其本义沿用至今且广泛使用，如"寒风""寒流"；后来引申为经济上的"贫穷"，如"贫寒""寒碜"；引申到人的地位上，表示地位卑微，如"寒门子弟"；引申到心理上，表示"心冷、害怕"，如"寒心"。"寒"还可以作为谦辞使用，如"寒舍"。《论语·子罕》中有"子曰：岁寒，然后知松柏之后凋也"。意思是只有在寒冷的冬天，才知道松柏（bǎi）是最后凋谢的。意思是到了每年天气最冷的时候，就知道其他植物大都凋零，只有松柏挺拔、不落。孔子并不是讲自然现象，这个思想家、语言大师要表达的是后世人说的"疾风知劲草，板荡识诚臣"的道理。九一八事变后，山河破碎、国土沦丧、人民流离失所，平时高喊着爱国、亲民的"党国台柱子"如蒋介石，以"攘外必先安内"做掩饰，眼睁睁地看着东北沦陷、华北危急而不救国，专心致志"剿共"；而"党国重臣"何应钦则和日本侵略者签订《何梅协定》；"党国"第二号人物汪精卫认为抗战必亡，卖身投靠日本，当了汉奸；很多国民党上层军官则带着"国民革命军"投降日本当了伪军。中国共产党领导抗日军民和日军鏖战在东北的白山黑水之间，拼杀在贫瘠的太行山下，像松柏一样不变色，不弯曲，不凋谢。

"凋"，本义为因寒冷树叶等脱落。这个字人们常常读错，其实是因为没有比较，印象不深。如果你稍加注意，草原上的汉子弯弓射雕，雕、凋读音相近，经过查找资料发现，原来凋、雕、调都是形声字。"凋"的"冫"表明它的意思和寒冷有关；"雕"的"隹"标明它是一只鸟；"调"的"讠"说明调查研究要广泛听取各方面的言论，做到"兼听则明"，避免"偏信则暗"。"调"是个多音字，读 tiáo 时表示调解、调教等意思，不论调解还是调教，都是要苦口婆心地说话的。唐代的诗仙李白真是一个才华横溢的诗人，他的《日出入行》这样写道：

　　　　日出东方隈，似从地底来。

　　　　历天又入海，六龙所舍安在哉。

　　　　其始与终古不息，人非元气安得与之久裴徊。

　　　　草不谢荣于春风，木不怨落于秋天。

　　　　谁挥鞭策驱四运，万物兴歇皆自然。

　　…………

　　这里的"木不怨落于秋天"就是说，落叶也不对秋风的凋残表示埋怨。可见，作为浪漫主义诗人的代表，李白对秋天落叶袒露出多么旷达的情怀。而中国古代的诗人很多对秋天寒风的无情表示伤感的，例如杜甫的名诗《登高》：

　　　　风急天高猿啸哀，渚清沙白鸟飞回。

　　　　无边落木萧萧下，不尽长江滚滚来。

　　　　万里悲秋常作客，百年多病独登台。

　　　　艰难苦恨繁霜鬓，潦倒新停浊酒杯。

其中的"无边落木萧萧下，不尽长江滚滚来"是千古名句。秋天来了，秋风一天紧急一天，用"风急"二字带动全联，一开头就写成了千古流传的佳句。三峡峡口更以风大闻名。秋日天高气爽，这里却猎猎多风。诗人登上高处，峡中不断传来"高猿长啸"之声，"空谷传响，哀转久绝"。诗人是写景高手，用"渚清""沙白"点缀着迎风飞翔、不住回旋的鸟群，真是一幅精美的图画。读这首诗时应该缓慢地读，应该展开想象诗人仰望茫无边际、萧萧而下的木叶，俯视奔流不息、滚滚而来的江水的情景，在写景的同时，便深沉地抒发了自己的情怀。"无边""不尽"，使"萧萧""滚滚"更加形象化，不仅使人联想到落木凋零之声和长江汹涌之状，也无形中传达出韶光易逝、壮志难酬的感怆。透过沉郁悲凉的对句，显示出神入化之笔力。

"凇"，读 sōng，雾凇，其实也是霜的一种，是由冰晶在温度低于冰点以下的物体上形成的白色不透明粒状结构沉积物。其形成过程是当过冷水雾（温度低于零度）碰撞到同样低于冻结温度的物体时，便会形成雾凇。雾凇非冰非雪，而是由于雾中无数零摄氏度以下而尚未凝华的水蒸气随风在树枝等物体上不断积聚冻粘的结果，表现为白色不透明的粒状结构沉积物。雾凇形成需要气温很低，而且水气又很充分。指寒冷带来的湿气在草木上的结晶。雾凇是北方秋冬季节一道亮丽的风景。和"雾凇"相近读音的有"吴淞"一词，吴淞是上海区域内的一条河的名字。"凇""淞"两个字，一点之差，最能代表两点水和三点水的区别所在。

"凝"读 níng，本义指因液体降到一定温度时结成固体，如"凝固"。引申为"固定不动"，如凝视、凝神。凝视，眼珠子一动不动，盯着一个不清楚的事物仔细看，有词语"凝神定气"，呼吸也不能影响凝视。"凝"中的"疑"表明了这一点，就是对一个事物不清楚，需要仔细审视。有人曾经形象地表达对"疑"的解决办法，因为人生处处有疑问，有很难做出抉择的节点。他说，当你碰上人生的三岔路口、不知道怎么选择时，就应该"凝视"。他说，三岔路口上，该向左走、向右走？无从判断，但是人生有没有回头路，走错了就不可能改过来，这时该怎么办呢？不要慌，在三岔路口停下来，暂时停下来，暂时不做选择，不至于立刻走错。但是停下来，也不安全，在人生的三岔路口可能有很多"好意"的人给你指点，为了避免无所适从，最好干脆爬上路口的树，或者近处的高坡上，凝视远方，看到远处，找到正确的道路。凝视，是你的眼睛穿透纷繁的现象，看到远处。把人的眼睛放出的光比喻成灯光较为合适，它能照亮前方的道路；但是如果要凝视，就要把这个灯光——投射向四面八方的光集中起来，形成光束，像手电筒一样，投射到很远的地方去。所以凝视就是认准一个目标，不能因目标太多而眼花缭乱。所以，解决疑难问题，就要凝视，就要心无旁骛。

以上所举的字的"冫"是冰的变形，还有一部分字的"冫"旁是由"氵"变来的。

"准"字从水（氵），隼（shǔn）声，后来讹变成"冫"，本义"水平"（像水面一样平），常常组成"水准"词。《说文解字》："準，平也。从水，隼声。"清代著名文字学家段玉裁注："準，谓水之平也。天下莫平于水，水平谓之準。"由自然意义的"水平"发展为"公平"，如"放之四海而皆准"，也就是这个道理推广到"四海"都是公平的、可行的。由这个意思引申为"准确"，又引申为"标准"，动词变为"准许""批准"的意思。宋代大诗人陆游记载了这样一则故事：

田登作郡，自讳其名，触者必怒，吏卒多被榜笞。于是举州皆谓灯为火。上元放灯，许人入州治游观。吏人遂书榜揭于市曰："本州依例放火三日。"故语云："只许州官放火，不许百姓点灯。"本此。

这个故事的大意是：宋朝时，有个州官（州郡的太守即最高行政官员）名叫田登，自己忌讳自己的名字，不准其他人使用"登"字，连同音字也不许提，谁要是触犯必被重责，甚至连很多在郡府里当差的吏卒一不小心提到"登"字，也要被痛打四十大板。因为这个忌讳，当地老百姓都称"灯"为"火"，按照当时的规矩，元宵节晚上张灯结彩，这可难倒了写公告的衙役，想来想去，通告写成了"本州依例放火三日"。意思是本州按照老规矩放火三天，不懂得的老百姓惊恐万分，害怕放火把自己的房屋烧掉了。懂得的老百姓看见了都捧腹大笑。于是流传下来"只许州官放火，不准百姓点灯"这么一句谚语。这句谚语形容统治者可以为所欲为、胡作非为，而人民的正当言行却受到种种限制；也泛指一个霸道的人自己任意而为，反而严格要求别人或不许他人有正当的权利。

　　笑话归笑话，但这则笑话绝不是陆游虚构的，在古代，"避讳"是一件非常严肃的事情，历朝历代都要"为尊者讳，为亲者讳，为贤者讳"。"为尊者讳"突出的例子就是历朝历代皇帝的名字不能提。唐代第二世皇帝李世民的父亲叫李渊，爷爷叫李虎，整个唐代三百年间不准用"渊""虎"二字。"渊"字用得少，还好避开，可"虎"字太常见，很难避开。首先，老虎是不能用了，改称"大虫"（《水浒传》中的老虎都叫"大虫"），而原来的"虎牢关"也变成了"武牢关"，之前的夜壶、马桶因为有老虎的造型，被称为"虎子"，从唐朝开始，被改称"马子"，并连同尿桶一起演变，改叫"马桶"。无论"马子"或"马桶"，和马没有任何关系。唐太宗名叫李世民，李世民当皇帝以后"世"被改称"代"，用"代"来代替。唐代之前东晋文学家陶渊明《桃花源记》中写桃花源中人"问今是何世，乃不知有汉，无论魏晋"，很多语文老师和辅导书理解为"（桃花源中人）问（渔人）今天是哪一朝代了，他们竟然不知道秦朝之后有西汉东汉，更不用说三国和晋朝了"，实际上这就是接受了用"代"代替"世"的避讳，把"世"理解为"世代"，又把"世代"误解为"朝代"。实际上桃花源中人"自云先世避秦时乱，率妻子邑人来此绝境，不复出焉"，他们的先辈人为了躲避秦朝的战乱，躲进深山，与世隔绝。他们的记忆还停留在秦朝时，以后的江山轮流、朝代更替是不知道的，他们要问的是秦始皇、秦二世之后轮到秦几世皇帝了。这就是一千多年来避讳李世民的名字造成的结果。王安石《明妃曲》（二首）就是惋惜、同情"明妃"的，"明妃"就是汉代的王昭君，中国古代"四大美人"之一，她在汉元帝时被选入宫，为了和亲远嫁匈奴。西晋皇帝司马昭之后，王昭君就不能再叫王昭君了，被改叫"王明君"（明，就是"昭"的意思）。司马昭的儿子司马炎当皇帝，把"昭阳县"改称为"邵阳县"。这些就是"为尊者讳"。南北朝时著名的文学家丘迟（"弃燕雀之小志，慕鸿鹄之高翔"就是他的名句）、元朝著名道士丘处机（金庸《射雕英雄传》中杨康的师父）、清朝著名教育家丘逢甲、抗美援朝英雄邱少云都姓"丘"，但也曾经姓"邱"，因为孔子名丘，尊孔的统治者命令姓"丘"的人改姓"邱"，有的人家改了，有的人家没改，还有的改姓"邱"后又改回来姓"丘"。这就是"为贤者讳"。唐代大诗人李贺才华横溢，还是皇室远支，按说参加科举考试可以轻松中举当官的，但他父亲名叫"李晋"，"晋""进"同音，"为亲者讳"，李贺是不准考进士的（唐代诗人中很多是参加科举考试"进士及第"的），一生郁郁不得志，27岁即英年早逝。以上都是封建时代"不准"的结果。

写到这里，笔者想起现代诗人蔡其矫的《祈求》，以此作为对"不准"的反驳：

　　　　我祈求炎夏有风，冬日少雨；

　　　　我祈求花开有红有紫；

我祈求爱情不受讥笑，

跌倒有人扶持；

我祈求同情心——

当人悲伤

至少给予安慰，

而不是冷眼竖眉；

我祈求知识有如泉源

每一天都涌流不息，

而不是这也禁止，那也禁止；

我祈求歌声发自各人胸中，

没有谁要制造模式

为所有的音调规定高低；

我祈求

总有一天，再没有人

像我作这样的祈求。

"凑"，本作"凑"，表示众多河流汇聚一起或人在水边相聚，这是凑（凑）的本义。现在"凑在一起"，保留了"河流汇集"的"汇集"，舍弃了"河流"的原义。"减"，本作"减"，本为水比原来的量少，后来把"氵"减掉一点，讹变的过程恰恰就体现了"减"的本义。

　　洗脸洗澡（沐浴）洗衣服都要用水（氵），洗干净了的"净"的"冫"也是由"氵"讹变而来。这个完全可以理解，在甲骨、竹简、石壁上少刻、少凿一笔当然省事多了。"净"

本义就是用水冲洗干净。这个意思后来发展成为"清洁""使……清洁"的意思，例如"把地扫干净"。洗脸叫"净面"，大小便（今天叫"解手"）叫"净手"。大小便在汉代以后叫"更衣"或"净手"。汉代以后男女的衣服上衣叫"衣"，下衣叫"裳"，衣长，一般能遮掩着膝盖以下；裳短，掩藏在衣内，人体腰部用腰带外"束缚"着（腰带露在外边，为的是"裳"不掉下来，也突出了人体的美）。大小便时为了不弄脏长长的外衣，那就要解开外腰带甚至脱下外衣，这就是"更衣"。也有叫"如厕"，"如"就是"入"，"厕"就是搭建在道路一侧简易的棚子（厂）。达官富人住所就配有厕所，"如厕"后由仆人端上一盆水把手洗干净，因此大小便又有一个"干净"的叫法"净手"。为什么叫"解手"呢？这源于历史上一次次暴力驱使下的百姓大迁移，原来经过多次战争，过去很多地方的人口急剧减少，甚至"白骨露于野，千里无鸡鸣"，还有经过战争夺得了新的土地但原来土地上的百姓逃亡了，于是统治者为了增加赋税、徭役，就下令人口稠密地方的百姓往这些荒无人烟的地方移民。当然百姓是不愿意背井离乡到荒无人烟的地方去的，于是统治者就派军队等武装力量强行押解而去。一群群老百姓被"兵""卒""勇"用绳子捆住双手，再用绳子串起来，步履蹒跚地走在迁徙的路上。他们中有人要大小便，那就要请求押解者"解手"，得到同意后由"兵""卒""勇"解开要大小便的百姓的双手。于是"解手"就成了大小便的一个含蓄而高雅的叫法，怎么知道这个词语隐含着暴力与胁迫：

老百姓连大小便都要经过批准，可见"解手"一词的背后是一部暴力、血腥、剥夺起码的人权的黑暗历史。

"冶"是个会意形声字，从"冫"，台（yí）声。金文字形左边上面两横表示两块金属材料，下面是"火"，右边是"刀"，整合在一起表示火烧金属使其熔化后打制刀具。小篆的字形将原来的两横讹变为冰块的形状，表示金属熔化像冰雪融化一样，右边变为了"台"。"冶"字的本义是"熔炼金属"，因为金属冶炼熔化，会发出晶莹闪烁的光芒，由此引申为"艳丽、光鲜"，如"冶容"，即打扮得很娇媚，含有贬义；由于熔化是在高温下逐渐推进发展的，由此引申为"熏陶、影响"，如"陶冶"：烧造陶器、冶炼金属，把人比喻成一块陶土或者生铁，只有经过烈火的烧烤，人才能被锻炼、感染，成为有用之"器"。"陶冶"一般指身临其境，使自己感受真实的生活，性格、思想上得到有益的影响。和"陶冶"意思相近的词语有"琢磨"，"琢磨"指玉石加工过程，经过加工，由一块块璞玉变成玉器。《诗经》中说"如切如磋，如琢如磨"，"切"是将璞玉（玉石）切开；"磋"本来是把象牙等骨头加工成器物，后来泛指加工玉石、象牙；"琢"，雕刻玉器；"磨"，打磨，使得器物表面光滑。今天"切磋"指相互探讨学问或技艺，"琢磨"指自我思考、探究学问或技艺，"陶冶"重点指思想或情操，是需要用"烈火"来加工的。

在湖北武汉市东南长江之滨，有一座城市叫"大冶"，历史上本来不叫"大冶"，民国以后才逐渐被人习惯性称为"大冶"，因为大冶是华夏青铜文化发祥地。3000多年前华夏先民在大冶采矿炼铜，创造了青铜文明。境内的铜绿山古铜矿遗址被称为"世界第九大奇迹"，被列入国家考古遗址公园项目和世界文化遗产预备名录，获评"持续开采时间最长的古铜矿"吉尼斯纪录，是迄今为止中国乃至世界开采时间持续最长、采冶规模最大、采冶链最完整、采冶技术水平最高、保存最好最完整的古铜矿遗址。铜绿山四方塘遗址入选"2015年度全国十大考古新发现"。中华人民共和国成立后，陆续探明大冶有大小矿床273处，金属矿、非金属矿53种，是全国六大铜矿生产基地，十大铁矿生产基地和建材重点产地。其中黄金、白银产量居湖北省之冠，硅灰石储量居世界第二。所以"大冶"这个城市的"大业"就是采矿和冶炼。

由"氵"讹变的"冫"旁字还有冲、决、减、凑、洗、次、羡、盗等。其中的"冫"都是由"氵"变化而来的。

"冲"，会形（氵）本作冲，指水涌动，从中表声。又用作"衝"的简化字。仔细查询《现代汉语词典（第7版）》可以发现"冲"是多个字，现列举如下，比较鉴别，以利于识记。

冲[1]（沖）读 chōng，就是"沖"，①用开水浇，例如：早上我冲了一碗鸡蛋茶喝了，上午我就不再冲茶水喝了。②冲洗，例如：用水把脚上的泥冲干净。③冲毁，例如：庄稼被洪水冲坏了。④冲淡，例如：用淡水把身上的盐分冲掉。

冲²（沖）读 chōng，会形（氵）本作冲，指山区间的低洼处平地。如韶山冲、四十里冲。水往低处流，有山就有水，冲里有溪流或小河。

冲³（沖、衝）读 chōng。①"衝"是个形声字，由"行"和"重"合成的，"行"代表同行的道路，山间的冲²（沖）一般是越过山区的必由之路，就是要冲，所以"要冲"的"冲²（沖）"兼有冲²（沖）和衝的意思。如"首当其冲"。②很快地朝着一个方向往前闯，突破障碍。如"冲啊""横冲直撞""冲口而出"。③猛烈地撞击。如"冲突"（"冲"是动作，"突"是突破，也就是"冲"的结果）。④由于矛盾双方发生冲突而形成力量的相互抵消。如"冲账""冲喜"。

冲⁴（衝）读 chòng。①劲头儿足，力量大。如：这小伙子干活儿真冲。②气味浓烈刺鼻。如：这酒味真冲。③斥责。如：他一说话就冲人。

冲⁵（衝）读 chòng。①朝着、对着。如：我说这话是冲他的。②凭着。如：就冲你这话，我也不能答应。

冲⁶（衝）读 chòng。冲压，如"冲模"。

"冲喜"是一种迷信行为，是沿用到今天的落后的风俗。例如说即将结婚的恋人，男女任一方的父亲或母亲重病在床，多次接到阎王爷的请帖，就采取要儿女提前结婚的方式，用新婚的喜气来抵消病重即将死亡的晦气，这样有可能挽救长者的生命。也有让一个久病不治的病人和别人结婚，用新婚的喜气来抵消晦气，"冲"掉不好的运气。

读过巴金小说《家》的读者一定记得苦命的"表姐"钱梅芬。《家》围绕着 20 世纪 20 年代初期四川成都一个封建大家庭高家的败亡展开。高家的"长房长孙"高觉新和表姐钱梅芬两个人青梅竹马，长大了，两个人也是情投意合，私下里两人定下了终身大事。钱梅芬的母亲钱太太，是高觉新生母的胞妹，觉新母亲去世后，父亲高大老爷续弦娶了母亲的堂妹周氏。这周氏就成了觉新三兄弟的继母。周氏和钱太太这两个女人本是堂姐妹，平时两人也是常来常往的，经常在一块儿打麻将。这天钱太太带着梅芬来高家玩，梅芬和觉新在后花园里，谈心赏花，畅想着未来。而在前厅，钱太太和觉新的继母周氏两人在牌桌上争高下，论输赢。这天钱太太的手气特别背，打一个下午，一手牌都没和，反而一直不停地点周氏的炮。这周氏的手气特别好，赢了不少钱，可把钱太太气得够呛。一气之下，钱太太不打了，把位子让给旁边看热闹的高家四太太（高觉新爷爷高老太爷有五个儿子，四太太是高觉新、高觉民、高觉慧三兄弟的四婶），自己则来找自己的姐夫高大老爷拉家常，这时她发现了姐夫房里之前挂着的一幅她姐姐亲手绣的湘绣图不见了，她便跑去质问堂姐妹周氏这幅湘绣图去了哪里。周氏回答说坏了扔了，可钱太太不相信，言语中指责周氏连她姐姐的一幅画也容不下。周氏也毫不示弱，指责钱太太是因为输了钱来找碴儿的。两人你一言我一语，唇枪舌剑，闹得不欢而散。

高大老爷并不知道这档子事，他重病在床，自知时日不多，想活着看到大儿子高觉新结婚生子，以满足父亲高老太爷和自己"四世同堂"的愿望。这天觉新的父亲高大老爷到钱家来提亲。他很喜欢梅芬，高家上上下下的人，特别是高觉民、高觉慧也都很喜欢梅芬，最重要的是高大老爷知道梅芬是儿子的心上人，他想成全儿子，于是带病亲自上门来提亲。听姐夫说想让梅芬做高家的媳妇，钱太太是喜上眉梢，当即就说全凭姐夫做主，毕竟高家可是省城北门的首富。高大老爷提出要拿梅芬的生辰八字跟觉新的一起，去合个八字。也就是把两个人的生辰八字放在前一起看看是否合（不冲）。钱太太一听说合八字，心想万一八字不合，女儿梅芬就当不成高家大少奶奶了。于是提出把觉新的八字给自己，自己也找个人合一合，这样比较保险，大老爷同意了。大老爷合完了八字，结果是觉新和梅芬的结合是上上大吉，现在只等钱太太那边的消息了。钱太太这边合完了八字，也是上上大吉，钱太太心里别提有多高兴了，兴冲冲地来到高家，要把这个好消息告诉姐夫。可不巧的是，大老爷刚吃完药在午睡，用人黄妈说什么也不让钱太太见，说是大太太（周氏）吩咐过的，大老爷午睡的时候谁来了也不见。于是钱太太就来到了前厅，又跟周氏一起玩起了麻将，把来这里的正事抛到脑后去了。与上次相反，这天钱太太手气很好，赢了不少钱，心里一得意，嘴上也没把门，说起话来字字含沙射影，直指周氏。周氏也不是好惹的，两人再次唇枪舌剑，越吵越激烈。最后钱太太把牌桌子给掀了，愤怒而去。把来这儿的目的忘了个一干二净。回到家里，钱太太还觉不解气，打发了一个下人到高家来说，梅芬和觉新的八字不合，拒绝了这门婚事。

觉新是钱太太从小看着长大的，也是她大外甥，可她为了赌一口气，说拒绝就拒绝了。这时恰巧宜宾一户有钱人家上门提亲，钱太太在气头上把梅芬许给了宜宾的这户有钱人家。在堂姐妹周氏的面前，她的面子保住了。

这时的高觉新强吞下被姨妈拆散的苦果，为了满足父亲、祖父的愿望，和父母包办的另外一个女子李瑞珏结婚了，儿子娶了媳妇的高大老爷不久就去世了。瑞珏聪明贤惠，识大体，修养好，觉新暂时忘却了痛苦，又和瑞珏生了一个男孩。觉新彻底放弃冲破"家"这个牢笼到巴黎留学的愿望，决定担起长房长孙振兴"家"和照顾好两个弟弟的重担。

钱太太并不知道宜宾富户上门提亲的目的，就把女儿轻易给嫁过去了。宜宾那家人娶梅芬做媳妇，也并没有认真考察钱梅芬和高觉新的事，而是娶过去给久病的新郎"冲喜"的。梅芬嫁过去不到一年，丈夫便因病去世了，梅芬从冲喜变成了克夫。婆家人说她是扫把星，晦气，处处排挤她，她在婆家的日子苦不堪言，成了婆家的"祥林嫂"。无奈之下只好回到娘家，跟着母亲生活。

高觉新面对新寡的钱梅芬，又面对贤惠、厚道的瑞珏和可爱的儿子海臣，在痛苦和矛盾中渐渐失去了反抗"家"的力量，成了"家"的陪葬品。钱梅芬郁郁寡欢，回到娘家不久也在精神折磨中死去。

钱梅芬、高觉新的悲剧与那一场场打麻将有关，也与"冲喜"有关。所以"冲喜"不能抵消晦气，反而会加重晦气。

"决"本作"決"，从"氵"。后"氵"讹变为"冫"，指堤坝出现缺口水涌出。"决"的右半部分好似缺口的环，因而既表声又表义。大禹和他父亲鲧治水时"决渎"，就是排除堵塞物，把河道疏通。清代语言学家朱骏声《说文通训定声》注释："人导之而行曰决，水不循道而自行亦曰决。"这两句话前一句就是指"决"的本义，后一句话中讲"决"的引申义。"荡胸生层云，决眦入归鸟"，杜甫把眼眶比成约束眼睛的堤岸，那么大胆夸张。《列子·汤问》里的《两小儿辩日》讲述了一则极具教育意义的寓言故事。孔子是中国古代伟大的思想家、教育家，可谓博学多识。有一天东游，他见到两个小孩子在那里为太阳什么时间距离地面近而辩论，一个小孩子说太阳初出时离地面近，因为初升的太阳又大又圆，而中午时就小了；另外一个小孩认为太阳初升时离地面远，因为那时气温低，说明太阳传到地面的热量少，中午时离地面近，气温高。两个孩子探索自然的结论截然相反，又都坚持认为自己是对的，遂问询孔子，孔子"不能决"。两个孩子都很失望，质问道：谁说你博学多识呢？孔子不能决，也就如实回答，这印证了他教诲学生的话："知之为知之，不知为不知，是知也。"他的诚实使得一个老师更显得谦虚可贵。

看过《三国演义》的读者一定记得"东风不与周郎便，铜雀春深锁二乔"是怎么回事。诸葛亮巧妙地使用了"桥""乔"同音，激怒周瑜，促使他决定抗曹。这当然是文学虚构，但中国人生活中习惯用谐音来赋予事物本来不具备的含义。北方农户每年除夕夜喜欢烧棉花秆，借以祈求新一年发财。鲁迅先生的回忆性散文《阿长与〈山海经〉》写道：大年初一起床后，"长妈妈"就往"哥儿"嘴里塞上一个剥过皮的橘子，祈求新一年大吉大利、顺顺溜溜。古代人都喜欢怀瑾握瑜，随身佩带玉佩中有"玦"。"玦""决"同音，总在提醒人果断、果决。《史记·项羽本纪》记载在鸿门宴上："范增数目项王，举所佩玉玦以示之者三，项王默然不应。"范增的目的很明了，那就是要项羽果断决定杀死刘邦一行人。"数目"，多次用眼色示意；还怕项羽看不明白，多次用"玉玦"来暗示项羽下决心，项王默然不应。后世多少人总结项羽失败的原因，说项羽优柔寡断、怀妇人之仁、大意轻敌……例证是项羽如果在鸿门宴上杀掉刘邦，就不至于被围垓下、自刎乌江。历史不能假设，评价一个历史人物，就要把他放在当时的历史背景下，就要把他放在他自己的家庭出身、所受教育、个人品质、性格特点等因素上去"勘查"。项羽出生在楚国灭亡前，他的父亲项燕在保卫楚国的战争中奋力杀敌，力竭自杀。宁愿自杀也不愿向注定灭掉六国的秦国投降，这就是"宁为玉碎，不为瓦全"的人格尊严、国格尊严。"勘查"楚国可知，在项燕之前，自杀的有楚国贵族屈原，他解释自己自杀的原因说："举世混浊我独清，众人皆醉我独醒，是以见放。"自己的政治理想破灭了，活着已经没有一个爱国政治家的尊严。"新沐者必弹冠，新浴者必振衣。安能以身之察察，受物之汶汶者乎？宁赴湘流，葬于江鱼之腹中。安能以皓皓之白，而蒙世俗之尘埃乎？"一个爱国者的失败就是国家沉沦，一个爱国将领的失败就是不能保全国家，所以屈原、项燕选择了自杀。项羽是一个贵族，他的血管里流淌着屈原、项燕的血液，他不可能背信弃义杀死前来赔罪的刘邦，杀死与自己并肩抗秦的刘邦。面对刘邦和樊哙等人的辩白甚至指责，作为主人、强者一方的他没有发火而是默然接受了。

"冫"表声，部分"冫"由"二"变形而来。

"次"，从二表义，从欠表示声音，"次"指排在第二位，稍差。《孙子》今天的名字叫《孙子兵法》，被人们认为是军事、商业甚至人生的经典，《孙子兵法》开篇第一句"孙子曰：兵者，国之大事，死生之地，存亡之道，不可不察也"。意思是说战争是国家的大事，它关系着人民的生死和宗庙社稷的存亡，是不可不认真考察、深入认识的。《谋攻》篇开篇第一句：

孙子曰：凡用兵之法，全国为上，破国次之；全军为上，破军次之；全旅为上，破旅次之；全卒为上，破卒次之；全伍为上，破伍次之。是故百战百胜，非善之善者也；不战而屈人之兵，善之善者也。

也就是说，大凡用兵打仗，迫使敌人举国降服的为上策，通过交兵接仗而攻破敌国的次之……所以，百战百胜，还算不上高明的，不经交战就能使敌人屈服，才是最高明的。即使是别无选择的用兵打仗，"故上兵伐谋，其次伐交，其次伐兵，其下攻城。攻城之法，为不得已"。今天的美国，国力强大，在全世界称王称霸，宣称世界上任何一个地方的政治变化都与美国利益息息相关，在全球推广"美国强权逻辑"，维护美国利益，多年来发动很多次战争，欺负任意一个"不顺眼"的国家，穷兵黩武。单从战略上讲，美国战略显然是和《孙子兵法》相违背的，是战略"次品"。

汉字产生的时代是中国的奴隶社会，除了极少数奴隶主外，大部分的奴隶和平民缺吃少穿，挣扎在死亡线上。他们能吃饱就是一种奢望，根木谈不上吃美味。奴隶主阶级的美味以羊肉最为好吃，所以"美"是由"羊"和"大"组成。最好喝的汤当然是羊肉汤——羹。"羹"，羊羔肉烹制而成，"味极鲜"，"鲜"，鱼肉或者羊肉。这些美食让人垂涎三尺，心生羡慕。羡，上半部分就是羊肉或者羊肉汤，下半部分"次"是"垂涎三尺"的"涎"，俗名"哈喇子"。"慕"，形声字，上声下形，"心"字底（不是"小"多一点，而是"心"的变形，和"忄"同义）。羡慕，就是看到别人吃上羊肉，闻到羊肉汤的香味，心想着哪一天自己也能吃上羊肉，喝上羊肉汤。孟子说："食色，性也。"意思是喜欢美食和美色，是人的本性、天性，人人喜欢吃羊肉喝羊肉汤，男人喜欢美女，女人喜欢帅哥，都是天性，见到美食美色，流哈喇子是正常的。奴隶见到器皿里的美食，流哈喇子之后就产生"盗"的念头，偷窃很难成功，那只有用武力抢夺了。"强盗"就是强有力的抢劫者，抢到美食，哈喇子流进装有美食的器皿里，然后是享用。柳下惠、柳下跖兄弟二人都居住在"柳下"，就是村子在一片大柳树下。柳下惠年轻时美女"坐怀不乱"，看来是有很强的"定力"来对抗"色诱"的，他被孔子评价为"被遗落的贤人"，孟子也尊称他为"和圣"。柳下惠像他父辈一样在鲁国（孔子的母国）做法官，他生性耿直，有美色攻不破的心理防线，容易得罪权贵，所以多次被撤官，后来干脆退居柳下，招生办学，传授文化，深受百姓们的爱戴。他的弟弟柳下跖原名展雄，生性豁达，因为羡慕奴隶主阶级的手抓羊肉和羊肉汤，带领奴隶起义，"从卒九千人，横行天下，侵暴诸侯，穴室枢户……"他率领的起义军有九千人，当然横行天下了；既爱美色又爱美食，是一个率真的奴隶领袖，他住在洞穴里，没有大法官哥哥住得好。"跖"一作"拓"。在先秦古籍中被称作"盗跖"。

科学家研究发现，人类对甜食大多很热爱，枣成熟后就是让小孩子喜爱的果实。"枣"是"棗"的简化，用两点表重复。这样的变化源于人们写字的习惯。"棗"，从双朿（cì）。朿，木芒。枣树多刺。本义枣树，后来也指枣树的果实。笔者童年，每逢秋天来时，上学路边的枣树上挂满了泛红的枣子，使人嘴馋。"馋"字繁体写作"饞"，简化后笔画大大减少。同样情形的字还有搀（攙）、谗（讒）等字。"馋、搀、谗"原来写作"饞、攙、讒"，右半部分是两个"兔"，简化时连"兔"的一点也给简化掉了。

　　"斗"（dǒu）本是有柄的容器，左上方两点代表这种容器里的粮食颗粒。中国市制容量单位规定：十升为一斗，十斗为一石（dàn）。陶渊明"不为五斗米折腰"，做了一段时间的县官后挂印而去。韩愈《马说》中说："马之千里者，一食或尽粟一石；食马者不知其能千里而食也。是马也，虽有千里之能，食不饱，力不足，才美不外见，且欲与常马等不可得，安求其能千里也！"千里马一顿要吃掉一石粟，喂马的人可能仅仅给两三斗粟，造成千里马吃不饱、力不足，优异于一般的马的才能、力量体现不出来。甲骨文和金文的"斗"字像带把的舀酒的勺子形，这就是"斗"的原义。"斗"还表示"像斗的东西"，如"熨斗""翻斗车""斗笠"（形如斗）等词语中的"斗"字。诗仙李白"斗酒诗百篇"，是酒触发了他诗歌创作的灵感。他在《将进酒》中写道："钟鼓馔玉不足贵，但愿长醉不愿醒。古来圣贤皆寂寞，惟有饮者留其名。陈王昔时宴平乐，斗酒十千恣欢谑。"意思是说"整天吃山珍海味的豪华生活有何珍贵，只希望醉生梦死而不愿清醒。自古以来圣贤无不是冷落寂寞的，只有那会喝酒的人才能够留传美名。陈王曹植当年宴设平乐观的事迹你可知道，斗酒万千也豪饮，让宾主尽情欢乐"。斗酒十千，和当今的"茅五剑"（茅台、五粮液、剑南春）的价格差不多。主人慷慨大方，整箱整箱地搬出来让客人豪饮。

　　那么"斗"是大还是小？古人灵活运用，如说一个人"身居斗室，心怀天下"，是指房屋很小，志向远大；"斗胆"，就是胆量很大。东汉至南北朝间，"斗"这个计量单位是很小的，东晋陶渊明"不为五斗米折腰"，把县官的薪酬说得很少。早于陶渊明的东汉末年顺帝时期，张道陵在蜀郡鹤鸣山（今四川成都市大邑县北）创立了"五斗米教"，凡入道者须出五斗米，故得此名。

北斗七星，七颗星星像斗一样排列着。有一副著名的对联：东启明西长庚南极北斗，春芙蓉夏海棠秋菊冬梅。对联中的北斗星在暗暗长夜里，是夜行者判断方向的重要参照物。苏轼《前赤壁赋》写道："月出于东山之上，徘徊于斗牛之间。"这里的"斗"是指南斗。岳飞在《题青泥市萧寺壁》写道："雄气堂堂贯斗牛，誓将直节报君仇。"该诗句表达了岳飞想收复失地、洗雪靖康之耻的坚定信念。

读 dòu 的"斗"是"鬥"的简化字，甲骨文中像两个人对打的样子，看上去两个人势均力敌，不相上下。《说文解字》："鬥，两士相对，兵杖在后，象鬥之形。"两长竖为戟杆，上边"丰"为戟的横刃。后来有异体字"鬦"，和"鬥"一起简化为"斗"，组成词语"争斗""斗殴"等。上文曾经讲到的"两小儿辩斗"，就是两个小孩在争论。由此看来，西汉贾谊《过秦论》说"外连横而斗诸侯"，是指秦国在战国末期强大起来，内部任用商鞅变法，富国强兵；外部采用张仪的连横战略，分化苏秦"合纵"的六个诸侯国，使它们内部争斗起来，以达到各个击破的目标。这个战略目标实现了，秦国最终灭掉了六国。

汉字故事——古诗文教学的基础和窍门

三、雨字头

云腾致雨，露结为霜。"雨"是个象形字，甲骨文字形上面"一"代表云层，雨是从云层里落下的。"雨"是汉字的一个部首。

"雨字头"部首内汉字皆与雨水云雷有关。该部首内的汉字多如"毛毛细雨"，现仅举几例说明。

在夏天低沉的乌云中，人们看到"云腾致雨"的现象。"雨"本义是雨水，这个意思至今变化不大。中国自古以来是个农业大国，食物来自种植，靠天吃饭，一年间雨水多少直接影响农作物的收成，对于人们的生产和生活有着十分重要的意义。当雨水缺少的时候，就形成旱灾，人们便要举行隆重的祈雨仪式，祈求天降甘霖，泽润苍生。人们斋戒沐浴，备好供品，到掌管雨水的龙王庙前敬香祈祷。女人们用柳条甩洒清水，家家门前都插柳条，放水缸，敲锣打鼓迎接雨水的到来。庄稼急需雨水滋润的时候，雨水就恰好降落下来了，人们把这样的雨水叫作"及时雨"。"及时雨"后来又被用来形容恰当其时的帮助。"及时雨"也叫"甘霖"，"甘"就是舌头上有甜味的食物（框代表舌头，框中短横代表食物），也就是说水是甜的。"霖"就是"好雨"，什么样的雨配称"好雨"，那当然是"好雨知时节，当春乃发生。随风潜入夜，润物细无声"。好雨就是当人们（生产生活）需要它时它就降临了。

雨，有时读作 yù，表示"下雨"，由一个名词变成一个动词。韩非子的寓言《智子疑邻》里说：

宋有富人，天雨墙坏。其子曰："不筑，必将有盗。"其邻人之父亦云。暮而果大亡其财，其家甚智其子，而疑邻人之父。

这段话的意思是：宋国有一富户，因为下雨，他家的墙被淋坏了，恰恰这一家是一个富家，财产较多，墙倒了，财物可能被盗（盗窃）去，所以他的儿子提醒他要防范，他的邻居也这样提醒。夜里，富人的财物果然丢失很多。富人后悔没有听信他们的话，他认为自己儿子有先见之明，而怀疑同样提醒他的邻居就是小偷。

李白的诗具有强烈的浪漫主义色彩，惯用夸张和比喻，他写雪："燕山雪花大如席，片片吹落轩辕台。"形容燕山的雪花其大如席，一片一片地飘落在轩辕台上。他写恨："黄河捧土尚可塞，北风雨雪恨难裁。"意思是：黄河虽深，尚捧土可塞，唯有此生离死别之恨，如同这凌厉的北风里下大雪一样铺天盖地，无边无垠。

文字是人类文明史上的最大发明，汉字是汉民族漫漫历史长夜中的第一缕烛光，照亮了祖先从远古洪荒的洞穴走到今天灯火辉煌的道路。所谓"文明"的"文"就是文字，"明"就是照亮。笔者不敢想象汉字发明之前我们的祖先怎么交流、怎么记忆。《淮南子》记述："昔者仓颉（jié）作书，而天雨粟，鬼夜哭。"大概意思是仓颉创造出文字的时候，突然间白天里天上就下起粟米雨，夜里鬼却在啼哭。笔者就纳闷了。仓颉创造出文字，上天降下粟米雨，是奖赏凡间百姓？鬼又为什么夜里哭呢？对《淮南子》这样的记述，后世人们作了不同的诠释，可以说众说纷纭，莫衷一是。笔者详细斟酌，采信了以下的看法：仓颉创造文字，上天担心从此诈伪萌生、去本趋末、弃耕作而务锥刀、天下缺粮，于是降粟雨；鬼恐怕被书文揭发，故夜哭。上天希望凡间百姓专心农业种粮食，这样总是祈求上天降下甘霖，好"五谷丰登"。"祈求"是要"上供"的，供桌上往往有"太牢"，肥牛、肥羊、肥猪应有尽有，上天享用不尽，即使这样凡人还要感谢它。一旦凡间百姓识文断字，有文化，有知识，那就会改做其他行业，例如传播文明，让子孙后代认识到天神和鬼一样不可信，可以说什么也做不了，降雨不是它们的恩惠，阳光普照大地也不是它们的赏赐，这些都是自然现象，用不着感恩它们。但是我们要感恩文化，因为文化可以记载自然规律，遵从自然规律就可以实现"风调雨顺"，神鬼这种把戏就没有观众、没有信徒了。当仓颉发明了文字，知识得到了传承，凡人认识外界的能力越来越强，连上天就没有人相信了，何况小鬼呢？所以自古以来，统治阶级总是希望老百姓是"大耳朵百姓"，听到什么就相信什么，不用去看，更不用去想、去分析辨别，"民可使由之，不可使知之"。统治阶级怕老百姓一旦有文化、见多识广，就不当"顺民"了。他们希望老百姓一直愚昧无知。"昧"，就是不见天日，永远在黑暗中，永远可以欺骗和愚弄。

"霰"（xiàn），指空中降落的白色不透明的小冰粒，多在下雪前或下雪时出现。有的地区叫雪子、雪糁。

"霸"字，金文从月从雨从革，会阴历每月十五始见的月亮之义。后来引申为蛮横霸道。"霸"假借为"伯"，即诸侯盟主。《孟子·离娄·丁音》："霸者，长也。言为诸侯之长。"东汉班固编撰的《白虎通》中说："霸者，伯也。""以时长幼，号曰伯仲叔季也。伯者，长也。伯者，子最长，迫近父也。仲者，中也。叔者，少也。季者，幼也。"即伯排第一，仲排第二，叔排第三，季排第四，少排第五。换言之，"伯"就是指老大。因此，"霸"在这里就是老大的意思，而不是霸道。"春秋五霸"中的"霸"，说的并非这个诸侯王凶狠霸道而称王称霸，而是说这个诸侯王的政治地位位居众诸侯国王中的老大。这个诸侯的政治地位是否位居众诸侯国中的老大，很大程度上取决于他的诸侯国的经济实力和军事实力，但并不能以之作为衡量的绝对标准。《白虎通》里又说："行方伯之职，会诸侯，朝天子，不失人臣之义。故圣人与之，非明王之张法。""方伯"一词出自《礼记·王制》中之"千里之外设方伯"，原指一方诸侯之长，而在春秋时期则指诸侯之长。

西周末年，周幽王为了讨好美女褒姒，"烽火戏诸侯"只为博美人一笑，结果随后遭遇了犬戎攻破镐京之祸，后"国人暴动"，即平民暴动，周王室的力量被大大削弱，为了避开西北少数游牧民族的快马铁蹄，周平王东迁。东迁后，周天子失去了对各个诸侯国的控制管理权，地位一落千丈，众诸侯漫无统纪，纷起争当老大，由此，王权陵替，霸业代兴。《史记·

周本纪》因此说："平王之时周室衰微，诸侯强并弱，齐、楚、秦、晋始大，政由方伯。"要成为"方伯"或者说"霸主"，必须要做到《白虎通》里面提到的"会诸侯""朝天子""不失人臣之义"这三点。"会诸侯"，就是召集天下诸侯王，要有号令诸侯的能力。"朝天子"则是要匡护周王室，维护周王室对各诸侯国的分封权威，不得行篡弑之事——不但不能弑杀周王、不得篡夺周王室，还要杜绝众诸侯国内有此类篡国弑君的事件发生。"不失人臣之义"，是在"尊王"的前提下，维持周朝礼制的运行，不但自己施行仁义，还要以身作则，带领和约束其他诸侯履行仁义。齐桓公"九合诸侯，一匡天下"，甚至召集诸侯国在葵丘会盟时，周王室还派代表来参加了。晋文公践土（今河南原阳西南）与诸侯会盟时，周襄王亲自前来捧场，封他为"侯伯"，赐黑红两色弓箭，允许他有权代表周天子自由征伐，替天子教训那些不听话的诸侯。也就是说，春秋五霸，个个是维护周王室的权威的典范，是带头遵守纪律的诸侯王老大。到了秦末，陈胜吴广起义后，天下云集响应，项羽、刘邦等领导的农民起义军和秦军展开了一系列的战斗，这时原来的各个诸侯国王室纷纷"光复"自己原来的天下。在亡秦战争中，楚国出力最大，"楚虽三户，亡秦必楚"，陈胜、吴广建立了"张楚"政权，项羽、刘邦也都是楚国的。楚国国君楚怀王（不是战国末期的楚怀王）分封诸侯的权力由项羽代行，因为项羽是楚国贵族，是项燕的儿子，而刘邦是楚国的平民百姓出身，在战国的楚国是没有爵位的。项羽自号"西楚霸王"，分封天下，自己封地包括楚国原有疆域，定都彭城（徐州）。韩、赵、魏、燕、齐的贵族也得以复国，原来在楚国"田无一分地无一垄"的刘邦也得到了汉水上游的封地，号"汉王"。项羽在秦朝灭亡后担任了分封天下的大任，然后返回彭城。可见"西楚霸王"中的"霸"，指的是项羽在裂天下而封王侯后，他这个"西楚霸王"是诸王中的老大。

当今学校里有学生学习很好，被旁人称为"学霸"，这个"学霸"不应该理解为学习上霸道、蛮横，不与别人合作，恰恰相反，是和同学合作学习、互相讨论才共同进步的。"学霸"的"霸"，应该是"老大""第一"的意思，很多学科独占鳌头，总成绩名列前茅。

雨字头汉字中，"霝"显得很"孤独"，很多人想不到"霝"和雨有什么关系。可是根据我们已经掌握的汉字六书常识，可以断定"霝"是个形声字，上形下声。"霝"本义是徐徐降落的小雨。后引申为草木凋落，如说"树叶凋霝"。说人被感动得"感激涕霝"，"涕霝"是"眼泪慢慢落下来"。因为不是瓢泼大雨，小雨显得零碎，"霝"又引申为"零碎""细碎"的意思，如一个人爱吃"零食"，每个月要有好多零花钱。又由"零碎""细碎"引申为"孤单、孤独"的意思，如"孤零零"。"霝"还表示数字之间有相差，如说"一百零八将"。

文天祥的《过零丁洋》是一首充满正气的、人们耳熟能详的诗：

辛苦遭逢起一经，干戈寥落四周星。

山河破碎风飘絮，身世浮沉雨打萍。

惶恐滩头说惶恐，零丁洋里叹零丁。

人生自古谁无死，留取丹心照汗青。

这首诗里写到的"零丁洋"，是珠江口一片海洋，东靠香港、深圳，西靠珠海、澳门，珠江入海口连接着广州、东莞、深圳、香港、澳门、珠海、中山，是粤港澳大湾区的中心区域。珠江口北端有虎门大桥，最南边有港珠澳大桥，中间有深中通道，这一段现在是世界上最热闹的商道水域，没有"惶恐滩头说惶恐，零丁洋里叹零丁"的凄苦。零丁洋又叫"伶仃洋"，"伶仃"和"零丁"意思相同。

这篇诗作于祥兴二年（1279）——被元军俘获的第二年正月过零丁洋之时。元军元帅张弘范逼他写信招降南宋在海上坚持抵抗的张世杰时，他出示了此诗以明志节。张世杰、陆秀夫、文天祥是"宋末三杰"，这个"杰"就是李清照诗句"生当作人杰，死亦为鬼雄"的"人杰"——有气节，为了自己的信仰（忠君爱国），不惜牺牲自己，就是"宁为玉碎，不为瓦全"。

因为《过零丁洋》，读者多误认为零丁洋是南宋灭亡之地，其实不然。赵氏宋朝的天下发端于"黄袍加身"的夺权。赵匡胤借口自己在陈桥驿（在今天河南开封黄河对岸的新乡市境内）被部下"黄袍加身"，所以"不得不"当皇帝。他建立宋朝后，通过"杯酒释兵权"进一步巩固了对赵宋天下的统治。

之后的宋朝统治者沿用了这一手段，剥夺武官手里的兵权，还用文官来牵制武官，因此造成整个宋朝重文轻武，对外屈膝求和、苟且偷安。"靖康之变"后宋室更是苟且偷安于"临安"——临时安身，一直到金朝被蒙古灭掉，然后大军南下，赵宋王室仓皇逃跑到厓山（也写作崖山，在伶仃洋西几十千米的新会江入海口上）。但南宋大势已去，大臣文天祥、陆秀夫、张世杰拥立了两个小皇帝也"无力回天"，赵宋天下"流水落花春去也"，大厦将倾，"三杰"难支。厓山一战，十数万南宋军民宁死不屈，陈尸海上。丞相陆秀夫背着小皇帝"蹈海"自杀；张世杰战败突围，在大风雨中溺亡于平章山下；文天祥被俘后被押解到大都，宋灭亡后几年后誓不投降，被杀害。"宋末三杰"个个都是朝廷重臣，就像《过零丁洋》第一句说的那样"辛苦遭逢起一经"，都是科举考试选拔出来的忠臣、重臣，但都是文臣，而不是岳飞、韩世忠、吴玠、吴璘、王坚那样的武将。

土：地之生万物者

　　"土"的甲骨文字形看起来像地面上突起来的一堆土。金文中的"土"字，上部往往已经填实，尽管与甲骨文形体略微有异，但是这下方的一横是永远不变的。其实，秦篆的"土"字仅仅是金文"土"字的发展。在金文后土堆之形或写作一竖画，或在竖画上加一点。所加之点拉伸为一横，便成为此字后来规范的写法。

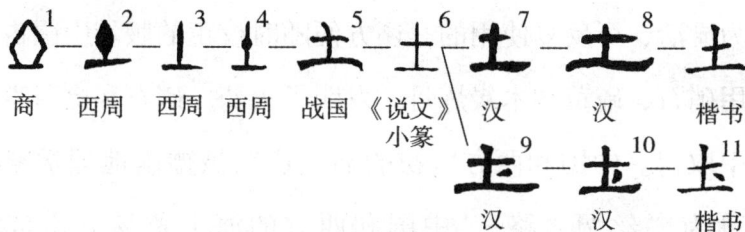

商　西周　西周　西周　战国　《说文》小篆　汉　汉　楷书　汉　汉　楷书

　　古人非常敬重土，因为有土就有农业，有了农业才会有衣食，吃的东西、穿的东西都从土地上获取。《说文解字》解释："土，地之吐生物者也。"许慎的解释说明了"土"读音的来历，很通俗、形象。古人穿的衣服，开始当然是树皮、兽皮，后来有葛麻织物，再后来是绫罗绸缎——那是种植桑树养蚕吐丝制造的，最后是种植棉花纺织得来。今天的衣服材料，大部分是化学纤维，而这个化纤材料多是直接从石油里提取的，从这个意义上说，人类依然是从土地里获取穿衣材料。土地上生长的植物是牛羊等牲畜的食物，牛羊等牲畜的肉是远离了渔猎时代的我们的食物，而这类食物依然从土地上获取的。"土"字的本义是"泥土"，后来引申为"土地"，如"领土""国土"；由此，引申为"家乡"，如"故土""乡土"；地球上土地辽阔，每块土地都有自己的特色，由此引申为"本地的"，如"土特产""土语"。

人类从茹毛饮血的时代进化到今天，成为大千世界的主宰，发明创造是功不可没的。中华民族为人类贡献的四大发明——造纸术、印刷术、指南针、火药，无不和"土"有关。就说其中的活字印刷术，最开始"布衣毕昇"用火烧"燔土"来制造字模，这比雕版印刷容易得多，成本低廉得多，也使得印刷用的版成为灵活、可反复使用的，还方便随时校正的版。中国古代炼丹师用硝石、硫黄和木炭炼丹，发明了火药。硝石和硫黄直接从泥土中取得。中国和西方贸易的陆上道路被德国地理学家李希霍芬称为"丝绸之路"，中国和西方的海上贸易大道被称为"海上丝绸之路"。陆上丝绸之路运输需要跋山涉水，穿过沙漠和冰原，但路程较近，价值昂贵的丝绸、茶叶适合这样运输；做工精美、艺术价值很高的瓷器则通过海上丝绸之路输送到西方国家。瓷器在古代中国对外贸易中占有重要地位，给中国创造了很多"外汇"。瓷器是用一种特殊的陶土烧制而成的。勤劳智慧的中华民族凭借着泥土给人类文明做出了巨大贡献，这是世界上其他民族所没有的。笔者曾经到过江苏省的宜兴市，看到那里出产的紫砂壶是饮茶用的珍品，价格较高而又畅销。

众所周知，古代中国人用竹子、兽皮、石块、木头制造了多种多样的乐器，也用青铜制造了中国古代大型打击乐器——编钟，但是很少有人知道祖先还用泥土制造了音韵优美的乐器埙、缶等。埙，音 xūn，亦称"陶埙"，是古代用陶土烧制的一种吹奏乐器，圆形或椭圆形，有六孔、八孔、九孔、十孔、双八度等多种。

春秋时代，以和为美曾是一个重要的音乐审美观，"埙唱而篪和"，是儒家"和为贵"的哲学思想在音乐上的集中反映。和是指内容舒缓平和，有助于"教化"，体现了当时的音乐审美观点，是声音谐和。埙在这方面的音乐功能是显著的。埙是一种中音吹奏乐器，因为它的音色古朴醇厚，同古人说话时惯用的高频调相比，显得格外柔润。所以特别受人推崇。三千多年前，我国古代依据制造材料的不同，把乐器分为金、石、土、革、丝、竹、匏、木八种，称为"八音"。八音之中，埙独占土音。在整个古乐队中起到充填中音、和谐高低音的作用。

土，又叫"泥土"。巴金先生在散文《愿化泥土》中，回忆了自己离开祖国到法国留学的经历以及对"故土"情感的变化。文章结尾写道：

我家乡的泥土，我祖国的土地，我永远同你们在一起接受阳光雨露，与花树、禾苗一同生长。

我惟一的心愿是：化作泥土，留在人们温暖的脚印里。

自从有了国家，就有了"疆土""领土"的概念；自从有离开家乡，就有了"故土"的意思。"疆"是会意字，甲骨文字形是两块"田"上下错开排列，表示田界。金文的字形中，右边是两个"田"字，而"田"字的上中下有三条横线，突出"界线"；左边有一张"弓"，是丈量田地的用具，表示划定田界是要丈量的。"弓"是木制的丈量土地的工具，两端长度五尺，做成弓形方便携带和使用。小篆的字形与金文相似，只是"弓"里多了一个"土"字，表示与"土"有关。"疆"字的本义就是"边界"，由此，引申为"地域、领域"，如"疆土"。"疆"还有"极限"的意思，如"万寿无疆"。

秦牧散文《土地》里有这样一段：

过去，多少劳动者为了土地而进行了连绵不断的悲壮斗争！当外国侵略者犯境的时候，又有多少英雄义士为保卫它而英勇地献出了生命！在我国福建沿海地方，历史上就流传着许多可歌可泣的保卫土地的抗敌爱国故事。在明末御倭和抗清的浪潮中，那里曾经进行过保卫每一寸土地的激烈斗争。有的地方，妇女的发髻上流行着插上三支短剑似的装饰品，那是明代妇女准备星夜和突然来袭的倭寇搏斗的装束的遗迹。有的地方，从前曾经流行过成人死后入殓时在面部盖上白布的风俗，那是明朝遗民羞见先人于地下、一种激励后代的葬仪。这些风俗，多么沉痛，多么壮烈！在我国的湛江地方，有一座桥梁被命名为"寸金桥"，就寓有"一寸土地一寸金"的意思，这是用来纪念当年抵抗帝国主义侵略的民族英雄们的。土地的长度和面积计算单位可以用丈，用公里，有亩，用公顷，然而在含有国土的意义的时候，它的计算单位应该用一寸、一撮来衡量。因为它代表一个国家的主权，一寸土都决不容侵犯，一撮土都是珍宝。这里，我想到了我们中国的整个版图，在我们这一代人的手里，一定要使它真真正正地完整无缺。

"泥"的小篆字形左边是"水"，表形旁，表示与水有关；右边是"尼"，"尼"是"昵"的本字，表示亲近。意思是水和土混合而成即为"泥"。"泥"字的本义是"水和土的混合物"。其本义沿用到现在，如"泥坑""泥潭""泥巴"。后来词义扩大，引申为像泥的东西，如"印泥""枣泥""山药泥"；用作动词，意思是"粘胶、涂抹"，如"泥窗""泥墙"。

土部首的汉字大都与泥土有关，如尘、坛、地、址、坎、坟、坡、垦等等，但也有一些字从土但与土本义无关，只作声符，如吐、肚。

由于土与人们生活息息相关，因而该部首内（提土旁）汉字"队伍庞大"，本书只是选取其中一些有着鲜明个性或代表性极强的汉字作简略介绍。

一、土部

"去"，土部，"去"的甲骨文字形中，上面是"人"，下面是"口"，表示离开家门口，即离家。金文的字形跟甲骨文相似。"去"字的本义是"离开"，如"去国怀乡"，意思是"离开国都，思念故乡"。在这里"国"是"国都"，"去国"就是离开国都，离开朝廷，是"被贬官"的委婉的说法。离开后便拉开了距离，由此引申为"距离、差别"，如"相去不远"；又引申为"除掉、减掉"，如"去掉""去皮"。此外，还引申为"往昔的、过去的"，如"去年"。

分开很久的朋友一见面，总是说"久违了"，每当此时，笔者总是联想到"违背"这个词，实际上这里的"违"就是"离别、分开"的意思。《说文解字》解释："去，人相违也"，就是这个意思。李白《宣州谢朓楼饯别校书叔云》开篇写道："弃我去者昨日之日不可留；乱我心者今日之日多烦忧。"意思是：弃我而离去的昨日，一去不复返，早已不可挽留，后悔也晚了；但使我心情烦乱的今日，有很多的烦忧。唐代文学家柳宗元一生坎坷，被贬到永州，写了《捕蛇者说》和《永州八记》等著名篇章，《捕蛇者说》写道：永州之野产异蛇。这种蛇很毒，"触草木，尽死"，碰到的草木全都枯死。"以啮人，无御之者"，如果咬了人，也一定死掉，没有能抵抗蛇毒的。但是这种蛇的药用价值极高，可以"去死肌，杀三虫"，发生病变、腐烂的肌肉，用这种蛇做的药可以把腐肉去掉，慢慢痊愈，也可以杀死很人体内很多寄生虫。前文讲到的《两小儿辩斗》写道，一儿曰："我以日始出时去人近，而日中时远也。"意思是：我认为太阳刚出来时距离人近，太阳到中午是距离人远。"去"在这里是"距离"的意思。

"寺"，土部，下半部分是"寸"，"寸"就是手（确切点，指离开手掌一寸的地方，即手腕）。双手是用来干活的，而"土"是"止"逐渐演变而来的，"止"脚，一脚在前一脚在后就是迈开双腿——"走"（"走"的"土"和下半部分都是"止"变化而来），"寺"会意"去（之）干活、办公的地方"，在此基础上又发展为"办公的官署"。如阅读古代典籍时，总会遇上"太常寺""鸿胪寺""大理寺"等官署名称，笔者初遇，总认为和宗教活动有关，实则不然。"太常寺"是封建社会中掌管礼乐的最高行政机关，秦时称奉常。汉景帝六年（前151）改称太常。汉以后改称太常寺、太常礼乐官等。最终在北齐时定名为"太常寺"，此后一直沿用此称呼。太常寺是唐代九寺、明代五寺之一。"太常寺"作为礼乐之司，是国家礼仪制度的重要组成部分。华夏民族是礼仪之邦，所以太常寺也是重要的职能部门。鸿胪寺，中国古代官署名，主掌外宾、朝会仪节之事，为九寺之一，唐代中央主管民族事务与外事接待活动及凶丧之仪的机关，政令仰承尚书省礼部。《明史·职官志三》："鸿胪（寺）掌朝会、宾客、吉凶仪礼之事。凡国家大典礼、郊庙、祭祀、朝会、宴飨、经筵、册封、进历、进春、传制、奏捷、各供其事。"大理寺，官署名，相当于现代的最高法院，掌刑狱案件审理，长官为大理寺卿，位九卿之列。秦汉为廷尉，北齐为大理寺，历代沿袭这一名称，唐代为九寺之一，明清时期与刑部、都察院并称为"三法司"。清末新政改称为大理院，民国初年北洋军阀政府亦袭此名，为当时的最高审判机关。古代朝廷发现大臣"作奸犯科"，那就"移送司法机关"，交大理寺审理。大理寺职位从高到低分别为：大理寺卿，少卿，寺正，寺丞，主簿，狱丞，司直等。大理寺所断之案，须报刑部审批。这么重要的权力机关，办公、司法都要有规矩，有法度，用今天的话来说"有法可依"，不能失去分寸，这也是"寺"下的"寸"的意思。

"寺"还代表"佛教出家人居住的地方"，如享誉全球的少林寺，就是一个佛教圣地。"少林"是当地的地名。还有大相国寺、白马寺等。在寺院里办公就是"做佛事"，"法度"就是清规戒律。《水浒传》中的花和尚鲁智深受不了清规戒律，后来出山门，成了一个"花和尚"。这里的"花"不是说鲁提辖长得如花似玉，而是泛指不守规矩。花和尚鲁智深后来被输送到开封大相国寺，当时是皇家寺院，现在已经是开封有名的旅游景点了。其实叫"相国寺"的寺院远不止一处，《西厢记》里张生和崔莺莺相见、结为良缘的寺院也叫"相国寺"，信奉佛教的日本也有"相国寺"，但只有北宋的皇家寺院相国寺叫"大相国寺"。今天的学生除了知道少林寺、相国寺之外，可能知道的还有大林寺和寒山寺了。这两个寺院都是因为唐诗才广为人知：

大林寺桃花

白居易

人间四月芳菲尽，山寺桃花始盛开。

长恨春归无觅处，不知转入此中来。

枫桥夜泊

张继

月落乌啼霜满天，江枫渔火对愁眠。

姑苏城外寒山寺，夜半钟声到客船。

大林寺，在庐山大林峰，相传为晋代僧人昙诜（tán shēn）所建，为佛教圣地之一。天下名山半属僧，今天的大林寺是游人如织的景点。想当年唐朝大诗人白居易被贬江州（今江西九江）司马，无实际公事可办，闲暇中结伴漫游庐山，游览了大林寺。白居易被贬谪的"江州"，就是《水浒传》里宋江发配之地，在浔阳楼题写反诗的地方。官家不幸诗家幸，白居易仕途的不顺，促使他写了很多有名气的诗歌。今天提起白居易，大家都可能不知道他当时的官职，但都知道"江州司马青衫湿"——他被贬谪为江州司马，在那里写下了名篇《琵琶行》，表现出对一个"同是天涯沦落人"的"长安歌女"的叹惋。《大林寺桃花》也是这一时间的作品。

促使国人知道寒山寺的，主要是一首名叫《涛声依旧》的流行歌曲，以及一篇《不朽的失眠》的散文。寒山寺在"上有天堂下有苏杭"的苏州城外运河旁。千年以来为人所知还是落第秀才张继落榜后的那夜"不朽的失眠"，因为诗歌艺术的高超和意境的优美，人们把关注点不再集中在寒山寺到底是一座什么寺院了。寒山，是一个高僧的法号。古人给今人创造了很多"经济增长点"，如今的寒山寺游人如潮，香火缭绕，寺内钟声时时响起，让人回想起的不是张继的落榜，而是经济的繁荣，旅程的放松。

很多青少年朋友对中国的宗教信仰知之不多，分不清和尚、道士、尼姑、信徒，当然也分不清各种宗教建筑：寺、庙、观、教堂……

　　上文讲过，中国"土生土长"的宗教是道教，"道家"与"道教"既相互联系又有区别。习惯上有时也称道教为道家、黄老。严格来说，二者不完全是一回事。"道家"是指先秦诸子百家中以老庄思想——老子、庄子的思想为代表的学派，战国秦汉之际盛行的黄老之学——又把黄帝和道家联系起来。道家思想理论以"道"为最高范畴，主张尊道贵德，效法自然，以"清净无为"法则治国修身和处理鬼神信仰，处理人与自然之间的关系，因此被称作道家。黄帝、老子、列子、庄子、鬼谷子都是道家人物。这些人物都有"著述"：黄帝的《黄帝内经》，老子的《老子》又叫《道德经》，列子的《列子》，庄子的《庄子》，鬼谷子的《鬼谷子》。"道教"是宗教实体，产生和兴起于东汉后期，那时是道家的老子、庄子离世几百年之后了，但道家思想对东汉末年农民运动中道教思想的产生有所影响。"道教"的意思即"道"的教化或说教，或者说就是信奉"道"的宗教，是通过精神形体的修炼而"成仙得道"的宗教。道教有其独特的经典教义、神仙信仰和仪式活动，而且还有其宗教传承、教团组织、科戒制度、宗教活动场所。道教徒叫"道士"，张道陵是，张角、张梁、张宝是，张鲁是，葛洪是，吕洞宾是，杜光庭是，陈抟是，王重阳是，丘处机是，张三丰是……《黄帝内经》是一本中医经典，所以黄帝被尊为中医学的创始人，这也是后世道教领袖张角等人利用行医，聚拢信徒发动黄巾军大起义的历史渊源。《道德经》是一本讲"道"的哲学经典，笔者认为其充满哲理又十分深奥。《列子》

的作者列御寇是郑国圃田人，今天，每天驾车通过京港澳高速圃田收费站的几十万"天下客"怎么知道，《愚公移山》《夸父追日》《两小儿辩斗》《高山流水》《杞人忧天》等寓言、神话故事都产生在收费站以东不到五百米的地方。《庄子》被道教徒尊为道教教义《南华经》。《鬼谷子》是一本谋略书，属于"成功学"名著，它一直为中国古代军事家、政治家和外交家所研究，现又成为当代商家的必备之书。它所揭示的智谋权术的各类表现形式，被广泛运用于内政、外交、战争、经贸及公关等领域，其思想深深影响今人，享誉海内外。笔者童年时看的"皮影戏"（如《说唐》《薛刚反唐》）中，鬼谷子俗名王禅，是仙山上的神仙，他的弟子下山参与战争，无往而不胜，有时弟子受挫，王禅老祖还会亲自下山帮助弟子。道士很多会炼丹，《西游记》中的"太上老君"就是老子的神话形象，他的八卦炉就是用于炼丹的，道士炼丹是为了炼制出使人长命百岁的仙药。葛洪是东晋时期道教理论家、著名炼丹家和医药学家。所著《抱朴子》继承和发展了东汉以来的炼丹法术，对之后道教炼丹术的发展具有很大影响，为研究中国炼丹史以及古代化学史提供了宝贵的史料。科学家屠呦呦带领科研团队研发了治疗疟疾的青蒿素，青蒿素对人类的健康具有非同寻常的价值，屠呦呦因此获得诺贝尔奖。屠呦呦获奖背后有一点并不广为人知：屠呦呦的青蒿素提取法发明的灵感就来自葛洪的《肘后备急方》里面"青蒿一握，以水二升渍，绞取汁，尽服之"。

道士修炼的场所叫"道观"，白云观、回龙观、紫阳观比比皆是。紫阳观就是紫阳真人的道观，"真人"就是修仙得道的道士。李白也信奉道教，也是广泛意义上的道士，他道号"青莲居士"。"居士"就是居家信奉道教的道士，苏东坡号"东坡居士"，说明他也是一个道士。出家修道的女性叫"道姑"。

佛教是"西天"传来的，是最早的"宗教信仰进口产品"，洛阳白马寺是佛经传入中国的第一个寺院。寺院，是佛教徒吃斋念佛的地方。到寺院里修炼的男士叫"和尚"或者"僧人"，女信徒叫"尼姑"。和尚的寺院也叫"庙"，"庙"字繁体是"廟"，上面的"广"和"店""府""庭"相同，下面的"朝"表示读音。现代汉语一般称佛教寺院为寺，但也有人称佛教寺院为庙。"跑得了和尚跑不了庙"是通俗说法。尼姑出家修炼的地方叫"庵"，"庵"和"庙"意思相同，但是里边的佛教徒性别不同，佛教教规绝对禁止"寺庙"里的和尚和庵里的尼姑"串门"的。历史上著名的僧人当属唐僧了。"唐僧"是一个不正规的称呼，其中的"唐"是指他是唐朝的，"僧"标明他的身份，唐朝的僧人很多很多，例如僧一行（俗名张遂），他是一个天文学家；再如鉴真和尚，他六次东渡日本，弘扬了佛法和中华文化。唐僧法号玄奘，是唐朝著名的三藏法师，东亚地区佛家历史上最伟大的翻译家。俗姓陈，本名祎，出生于河南洛阳洛州缑氏县（今河南省偃师市缑氏镇）。高僧，学者，旅行家，与鸠摩罗什、真谛并称为佛门历史上的三大翻译家，唯识宗的创始人之一。史书记载，玄奘到西天取经，往返十六年，旅程五万里，所历"百有三十八国"，带回大小乘佛教经律论共五百二十夹，六百五十七部。归国后受唐太宗召见，在长安（今天的西安）大雁塔下的弘福寺和慈恩寺潜心翻译佛经。二十年间，先后译出大小乘经论共七十五部、凡一千三百三十五卷等。他还曾把《老子》和《大乘起信论》译为梵文，传入印度；他将入印路途见闻撰成《大唐西域记》十二卷，为研究中国西北地区以及印度、尼泊尔、巴基斯坦、孟加拉国、中亚等地古代历史地理以及从事考古的重要资料。

唐代诗人杜牧有一首《江南春绝句》：

　　千里莺啼绿映红，水村山郭酒旗风。

　　南朝四百八十寺，多少楼台烟雨中。

"千里莺啼绿映红，水村山郭酒旗风。"千里江南，红绿相映，到处是悦耳的莺声；傍水的村庄，依山的城郭，酒旗在迎风飘荡。好一派风光旖旎的江南春色！"千里"紧扣江南的大片土地，意味着地域辽阔，"莺啼绿映红"显示出江南水乡莺鸟啼鸣、花红柳绿的江南春景。红绿色彩，交相辉映，又着"莺啼"二字，把声与色写绝了！"水村山郭"是描写江南的静景，"酒旗风"三字又将整个画面赋予了生机，化动为静，把动与静都写绝了！"千里"是虚写，是文学艺术的典型概括，莺啼、绿叶、红花、水村、山郭、酒旗是实写，这样虚实结合，才是江南春的全景，又把虚与实写绝了！江南的春色，经过诗人妙笔生花的点染，简直举目可见，倾耳可听。

置身于江南迷离诱人的春景之中，不禁触发了怀古伤时之意，想到了此地历代王朝的兴衰。"南朝四百八十寺，多少楼台烟雨中。"南朝统治者大多崇尚佛教，他们大兴土木，建造佛寺。佛寺五百余所，穷极宏丽，僧尼十余万，资产丰沃。南朝这样繁盛的楼阁亭台，经过数百年的风云烟雨，已在迷茫中消失得一干二净。"四百八十寺"，极言佛寺的繁多，实则是指南朝曾经有过一时的繁盛，而"楼台烟雨中"正有感于南朝的衰亡。

唐朝统治者也多崇信佛教，晚唐尤盛，这样耗费了大量的人力物力，给广大劳动人民带来了极大的痛苦。诗人对南朝兴替发出的感慨，也正是巧妙地对唐朝统治者佞佛的讥讽。

诗的前半从横向写出了江南春景的广阔无边与丰富多彩，后半则从纵向有感于昔日的繁盛，今日的衰亡，是大好春色的一种反差。

伊斯兰教和基督教、佛教并称世界三大宗教，唐朝时传入中国。伊斯兰教活动的场所叫教堂，和基督教的称呼一样。伊斯兰教和基督教对中国古代文化影响没有道教、佛教的大。唐诗中"南朝四百八十寺，多少楼台烟雨中"，可见佛教的兴盛。清朝中期的太平天国起义领袖洪秀全等人创立的"拜上帝教"，就是吸收基督教教义而改造形成的宗教信仰。

东南亚很多地方，华人文化色彩很浓，例如信奉"孔教"，供奉孔子牌位，让我们感到儒家文化的巨大渗透力。但是"儒教"绝对不是宗教，把孔子神化是不合道理的。另外很多地方建有关帝庙，供奉"关帝"。"庙"本是供祀祖宗的地方。汉代以后，庙逐渐与原始的神社（土地庙）混在一起。随着佛教的传入，后代的佛教寺院也称庙。关帝庙是一个道观，关帝即三国时的关羽。中国内地很多地方有"山陕会馆"，里面也供奉关帝，关帝是会馆的主神。对于百姓而言，关公之崇拜价值，首先在于他是义气之神，他的义气干云，他的坚贞不二，使得拜金兰者都要在关羽圣像前，学习桃园结义。

人们常把国家称为"江山社稷"，一个国家有江有山，这个很容易理解。"社稷"是两个庙，一个是土地庙（社），一个是谷神庙（稷）。土地庙里供奉的是土地神，就是《西游记》里唐僧一行每到一地要问询的那个白胡子神仙。"社"这个字是象形兼会意字，从示从土。本义：土地神。社神就是土地神，源于古人对土地的崇拜。土地是人类居住生活的场所，是人类获取所需生存资料（衣、食、住等）最重要的源地。对人们赖以生存的自然物质进行崇拜是原始崇拜的重要内容，我国先民早就有对土地的崇敬和膜拜。"燕子来时新社，梨花落后清明。"春社是最为古老的汉族传统民俗节日之一。在商、周时，春社是男女幽会的狂欢节日，而后来则主要用于祭祀土地神。春社的时间一般为立春之后的第五个戊日，约在春分前后。又有官社、民社之分。民社日为二月二日，俗称"土地公公生日"；官社日期不变，其祭祀为国家祀典，在社稷坛举行。古代春社日，官府及传统民间皆祭社神祈求丰年，有饮酒、分肉、赛会、妇女停针线之俗。官社庄重肃穆，礼仪繁缛，而民社则充满生活气息，是邻里娱乐聚宣的日子，同时有各种娱乐活动，有敲社鼓、食社饭、饮社酒、观社戏等诸多习俗，是传统民间不可多得的热闹节日。春社祈求土地神，秋社酬谢土地神。秋社定在立秋后第五个戊日。从"春社""秋社"来看，在民间，土地庙和谷神庙应该合二为一了。"社会"一词即起源于民社时的聚会活动。

中国是农业国，统治阶级也重视农业，在北京设置"社稷坛"。社稷坛位于北京市东城区西长安街天安门西侧，始建于明永乐十八年（1420），是明清两代皇帝祭祀土地神和五谷神的地方。社稷坛与太庙相对，分别位于天安门的一左一右，体现了"左祖右社"的帝王都城设计原则，主体建筑有社稷坛、拜殿及附属建筑戟门、神库、神厨、宰牲亭等。社稷坛早期是分开设立的，称作太社坛、太稷坛，供奉社神和稷神，后逐渐合而为一，共同祭祀。

南宋爱国诗人陆游，一生"位卑未敢忘忧国"，但是昏庸的"临安"朝廷没有给他上战场杀敌、光复失地的机会，一再贬谪他，使他大部分时间生活在民间。他因此也写了很多关于民间生活的诗，《游山西村》就是其中著名的篇章：

> 莫笑农家腊酒浑，丰年留客足鸡豚。
>
> 山重水复疑无路，柳暗花明又一村。
>
> 箫鼓追随春社近，衣冠简朴古风存。
>
> 从今若许闲乘月，拄杖无时夜叩门。

腊酒，说明是上一年酿造的酒，上一年一定是个丰收年，农家户户在春社上喜笑颜开，脸上还留着上一年的丰收喜悦，手里端出最丰盛的酒菜，身上披着节日盛装，敲锣打鼓，热闹非凡。首联渲染出丰收之年农村一片宁静、欢悦的气象。农家酒味虽薄，待客情意却十分深厚。一个"足"字，表达了农家款客尽其所有的盛情。"莫笑"二字，道出诗人对农村淳朴民风的赞赏。颔联"山重水复疑无路，柳暗花明又一村"写出了路途曲折遥远，山重水复，但柳暗花明，树木浓荫，鲜花盛开，仿佛可以看到诗人在青翠可掬的山峦间漫步，清碧的溪流在曲折中汩汩穿行，草木愈见浓茂，蜿蜒的山径也愈益依稀难认。柳暗花明，以柳代表树木，以花代替野草，"暗"和"明"形成强烈的对比。"暗"让读者看到晃眼的阳光经过树枝树叶的"过滤"，已经变得色彩柔和，透出阴凉；"明"则给人生机盎然、色彩缤纷的美感。"柳暗花明"，正在迷路、迷惘之际，突然看见前面花明柳暗，几间农家茅舍，隐现于花木扶疏之间，诗人顿觉豁然开朗。其喜形于色的兴奋之状可以想见。这两句精彩的描画常常为后世人引用，表示人们在探讨学问、研究问题时，往往会有这样的情况：山回路转、扑朔迷离，出路难寻，于是顿生茫茫之感。但是，如果锲而不舍，继续前行，忽然间眼前出现一线亮光，再往前行，便豁然开朗，发现了一个前所未见的新天地。人们读后会感到，在人生某种境遇中，与诗句所写有着惊人的契合之处，因而更觉亲切。这里描写的是诗人置身山阴道上，信步而行，疑若无路、忽又开朗的情景，不仅反映了诗人对前途所抱的希望，也道出了世间事物消长变化的哲理。于是这两句诗就越出了自然景色描写的范围，而具有很强的艺术生命力。诗人被投降派弹劾罢归故里，心中当然愤愤不平。对照诈伪的官场，于家乡纯朴的生活自然会产生无限的欣慰之情。

"圩"字，读 xū，也读 wéi，会意字，也是形声字。篆文从土从于，"于"表示迂回曲折，兼表声，这个读音发生了变化，一时让人们难以认读，有人误读。"圩"是"围""墟"的分化字，因而存有两个读音。读"围"时，表低洼地区围绕房屋、田地等修建的防水堤岸，即"圩子"，也叫"围子"。《史记·孔子世家》云："鲁襄公二十二年而孔子生。生而首上圩顶，故因名曰'丘'云。""首上圩顶"指的就是额头凹陷。因此这句话的意思是鲁襄公二十二年（前551），孔子出生，出生的时候因为额头凹陷，所以被称为丘。"圩"读"墟"时，方言用字，意思是集市。我国南方很多地方把赶集叫作赶墟。"墟"有两个意思：一是指有许多人家聚居而现在已经荒废了的地方，如废墟。二是同"圩"，土围子中的村庄。

墟镇主要是南方地区（湘、赣、闽、粤、桂）的叫法。墟镇，现代人也写作圩（xū）镇。南方人称一个特定的地方的集市叫某某墟（圩）；一般每个月固定若干个日期为集市贸易的时间，叫"墟日"。墟镇是指人类商业交易、集市的地方，天长日久形成居民较为集中、商业较为发达、服务功能较为健全的小城镇、街道。今天，这些圩镇都成了古建筑比较集中的古镇，例如在广西有着四大圩镇，统称广西古代四大圩镇，它们分别是：桂林大圩、宾阳芦圩、苍梧戎圩、贵港桥圩。这些古镇都是既有历史厚重感、又有美丽风景的旅游景点。

"土"部字中，"坛"比较常见而又特殊。"坛"繁体为"壇"，形声字，从土，亶（dǎn）声。本义：土筑的高台，用于祭祀、会盟等。古人没有扩音器，号召众人往往要登上高台子，而这些高台子往往是用土临时堆建的。文学家、历史学家司马迁花费了毕生心血，写成了我国第一部纪传体通史《史记》，要"藏之名山，传之后世"，是"史家之绝唱，无韵之《离骚》"。这个中肯而又著名的评价是文学家、思想家鲁迅给的，深入思考这一评价可以看出《史记》是一部历史书，也是一部优秀的、具有强烈抒情色彩的文学著作。历史著作是叙事的，但历史学家不能是没有思想、观点、感情的，《史记》具有强烈的人民性和抒情色彩，突出表现在它对下层人民抱着同情、肯定、歌颂的态度，如对不堪忍受压迫、揭竿而起为天下唱（倡，首倡）的陈胜、吴广。在大泽乡，陈胜、吴广等九百多个走投无路的戍卒"为坛而盟"，斩木为兵，揭竿为旗，建立了反抗暴秦的张楚政权。"为坛而盟"意思是修建个台子，在上面宣誓结盟。当时"会天大雨，道不通"，九百个戍卒滞留在大泽乡，不可能修建一个设施豪华的主席台，"坛"只能是个土台子。这个土台子也不能容纳全部的九百人，只能是推举的代表站上去。就是这九百个人燃起了反抗暴秦的熊熊烈火，天下云集响应。

陈胜、吴广领导的农民起义失败了，响应他们的项羽、刘邦两支起义军最终推翻了暴秦的统治。尽管项羽在起义中厥功至伟，但是楚国贵族出身的他再次将统一的封建国家引向诸侯国群立的分裂状况。项羽自称西楚霸王，把对他有一定威胁的刘邦分封到秦岭南麓的汉中。刘邦到汉中后，听信萧何的建议："王必欲拜之，择良日，斋戒，设坛。具礼，乃可耳。王许之。"汉王刘邦登坛拜将，重用别人不看好而被萧何月下追回的韩信。今天在陕西汉中市，拜将坛成了一个重要的旅游景点。这里的"坛"要比陈胜吴广"为坛而盟"的坛高大、宽广、醒目得多。在汉初三杰——萧何、张良、韩信的鼎力支持下，刘邦打败项羽，统一全国，再次走上统一的封建制帝国的道路。

"坛"除了会盟、拜将外，还用来祭祀。北京著名的景点天坛、地坛、日坛、月坛、先农坛就是紫禁城外围著名的"五坛"。天坛，原名"天地坛"，位于北京市东城区，始建于明永乐十八年（1420），距今已经有600多年的历史，是明清两代皇帝"祭天""祈谷"的场所，是中国现存最大的古代祭祀性建筑群。天坛公园设计从选位、规划、建筑设计等方面均依据中国古代《周易》中的阴阳、五行等学说，体现出了中国古人对"天"的认识。天坛公园两重环墙的南部为方形，象征地象，北部为圆形，象征天象，寓意"天圆地方"，此墙因此俗称"天地墙"。天坛公园主要建筑圜丘坛、祈年殿、皇穹宇都采用圆形平面，而祈年殿、圜丘坛的砖砌外墙则为方形，同样象征"天圆地方"。天坛公园的圜丘坛和祈谷坛同建在天坛内坛中，圜丘坛是举行"祀天大典"的地方，因此位于内坛南部，即天神所在的方位；祈谷坛是祈祷丰收的场所，因此位于内坛北部。天坛公园祈年殿以圆形、蓝色象征天，殿内大柱及开间又分别寓意一年的四季、二十四节气、十二个月和一天的十二个时辰，以及天上的星座、恒星等，处处"象天法地"。

"坛"是高出地面的建筑，常常引人注目，这条意思引申为广为人关注的文艺、体育园地。如体坛、文坛、诗坛、排坛、乒坛、影坛等。

在中华人民共和国国务院总结、归纳并公布的《简化字总表》中，"壇"（tán）和"罈"（tán）字都简化成"坛"，这样"高台子"和"罐子"两个毫不相干的事物就归结成一个字了。虽然让我们莫名其妙，但是这两个字都好写多了。

"圯"在《现代汉语词典》中，就有孤零零的一条解释：yí〈书〉桥。这让笔者想起来一则尊师重教的故事：圯上老人。《史记·留侯世家》这样记载：

良尝闲，从容步游下邳圯上。有一老父，衣褐，至良所，直堕其履圯下，顾谓良曰："孺子，下取履！"良愕然，欲殴之。为其老，强忍，下取履。父曰："履我！"良业为取履，因长跪履之。父以足受，笑而去。良殊大惊，随目之。父去里所，复还，曰："孺子可教矣。后五日平明，与我会此。"良因怪之，跪曰："诺。"五日平明，良往，父已先在，怒曰："与老人期，后，何也？"去，曰："后五日早会。"五日鸡鸣，良往，父又先在，复怒曰："后，何也？"去，曰："后五日复早来。"五日，良夜未半往。有顷，父亦来，喜曰："当如是。"

出一编书，曰："读此则为王者师矣。后十年兴。十三年孺子见我济北，谷城山下黄石即我矣。"遂去，无他言，不复见。旦日视其书，乃《太公兵法》也。

　　这则故事的主人公张良，字子房，是战国末年韩国大贵族后裔，他的祖父、父亲先后为韩国五世相。秦灭韩后，张良立志为韩国报仇，弟死不葬，拿出全部家产求客刺秦王，重金聘请一个大力士，制造了120斤的大铁锤。公元前218年，张良与大力士埋伏在博浪沙（河南原阳县）狙击东巡的秦始皇，但大力士的铁锤误中秦始皇的副车。秦始皇大怒，全国通缉刺客，张良更换姓名隐匿下邳（即今天江苏睢宁北）。其间，张良遇到了圯上老人黄石公，发生了历史上著名的圯桥进履的故事。故事的大意是张良曾在闲暇时从容步行游玩到下邳桥上。有一位老翁，穿着粗布衣，走到张良的跟前，直接把自己的一只鞋扔到桥下，回头对张良说："小子，下去把鞋取来！"张良十分吃惊，想打他，但因为他年纪很大，便强忍怒火，下去取回鞋。老人说："给我穿上！"张良想既然为他取回了鞋，又何必计较，便跪下来替老人穿。老人伸出脚让他把鞋穿上，笑着离去。张良大为惊奇，随着老人的身影而凝视。老人离开大约一里，返身回来，说："你这小子可以教导。五天后天亮时，和我在这里相会。"张良感到惊异，跪着说："好。"第五天天刚亮，张良就去了。老人已先到了，生气地说："跟老人家相会，反而后到，为什么呢？"老人离去说："五天后早点相会！"五天以后鸡刚叫，张良就去了，老人又先到达，又发怒说：

"这么晚到，为什么呢?"老人离去，又说："五天以后再早点来。"五天以后，张良晚上还没到半夜就去了。过了一会儿，老人也到了，笑着说："应当像这样才对。"老人说着，拿出一本书，说："读这本书可以做帝王的老师了。今后十年（你）将建立（一番事业），十三年后你将在济北见到我，谷城山下的黄石就是我了。"说完就离开了，再没有说别的话，也不再出现。第二天张良看那卷书，原来是《太公兵法》。张良就感到很惊奇，常常反复地诵读它，最后成就一番功业。

唐代大诗人李白是一个才华横溢的诗仙，他斗酒诗百篇，特别崇拜文能治国武能安邦的贤士，非常看不起"白发死章句"的"鲁叟"，对汉初三杰之一的张良则非常崇拜，他写了《经下邳圯桥怀张子房》一诗：

> 子房未虎啸，破产不为家。
>
> 沧海得壮士，椎秦博浪沙。
>
> 报秦虽不成，天地皆振动。
>
> 潜匿游下邳，岂曰非智勇?
>
> 我来圯桥上，怀古钦英风。
>
> 惟见碧流水，曾无黄石公。
>
> 叹息此人去，萧条徐泗空。

这首诗就是感怀秦时张良袭击秦始皇遭通缉，隐匿于下邳一事。上文提到的《太公兵法》是兴周灭纣的姜子牙写的兵法。知识就是力量，读《太公兵法》使得张良成为一个军事谋略家。刘邦评价汉初三杰说："运筹帷幄之中，决胜千里之外，吾不如张良；镇守国家，安抚百姓，不断供给军粮，吾不如萧何；率百万之众，战必胜，攻必取，吾不如韩信。"张良运筹帷幄，决胜千里，成为后世人的楷模。圯上赠书的是黄石公，是和鬼谷子一样神秘的人物。张良尊重黄石公，使他成为汉帝国开国元勋。张良后来被封为留侯，封地在翻越秦岭的褒斜古道上，今天这个地方叫留坝县，因汉高祖刘邦为汉中王时，传说曾在此修坝建汉王城，故名"刘坝"，后因"刘""留"同音，将"刘"传为"留"，称为"留坝"。留坝县也是张良功成身退隐居之地，有目前中国规模最大、保存最完整的祭祀张良的祠庙张良庙。

"幸"，土部首。"幸"字意思比较单一：①意外地得到成功或免去灾害。如：我很幸运，一切顺利，得到了意外的成功和好处；免除了意料之内的灾难和失败，如：幸免于难。②幸福。如：得到意料之外的荣誉，我很荣幸。③高兴、欣慰。如：幸甚至哉，歌以咏志。④希望（能继续得到意外的成功和好处）。可见以上各项意思都息息相关，学习时只要"咬文嚼字"，弄准确"幸"的意思是不难的。

"幸"字还与皇帝有关。皇帝（甚至诸侯王）是封建时代的地位最高——至尊，财产最多——"普天之下，莫非王土；率土之滨，莫非王臣"的"天子"。皇帝到一个地方，叫"巡幸"某地；皇帝宠爱某一个大臣，叫"幸"。例如在屡次外交活动中为赵国立下汗马功劳的蔺相如，在面临廉颇的挑衅时表现得退让、忍让，下属质问他是不是胆小怕事，蔺相如说：我忍让廉颇是"先公家之急而后私仇也"，我在外交场合上公开回击强暴的秦王，说明我胆大、不怕死；我"幸于赵王"，有权有势。但是我不与廉颇计较。皇帝和某一个嫔妃或者宫女同居，也叫"幸"。《阿房宫赋》里写道：

妃嫔媵嫱，王子皇孙，辞楼下殿，辇来于秦，朝歌夜弦，为秦宫人。……雷霆乍惊，宫车过也；辘辘远听，杳不知其所之也。一肌一容，尽态极妍，缦立远视，而望幸焉；有不见者，三十六年。

亡了国的诸侯国国王的"妃嫔媵嫱"，被关进阿旁宫里，等待着秦始皇的宠幸。当一辆车经过，她们就要看看是不是皇帝看上她了，有的三十六年也没见到皇帝一面，更不用说被皇帝宠幸了。

古代的文人大部分是"入世"的，也就是建言献策、忧国忧民，具有很强大的家国情怀。中国古代战乱频仍、人民流离失所的乱世，往往是文学创作繁荣的幸世，例如战国末期的屈原的创作，东汉末年的建安文学（"建安"是东汉最后一个皇帝汉献帝的年号），南北朝时的乐府民歌、"安史之乱"时的唐诗……清代著名诗评人赵翼曾经在《题元遗山集》中评论这一现象：

身阅兴亡浩劫空，两朝文献一衰翁。

无官未害餐周粟，有史深愁失楚弓。

行殿幽兰悲夜火，故都乔木泣秋风。

国家不幸诗家幸，赋到沧桑句便工。

元遗山就是金代诗人元好问。元好（hào）问（1190—1257），字裕之，号遗山。金代文学家、历史学家，也是宋金对峙时期北方文学的主要代表、文坛盟主。他擅作诗、文、词、曲。其中以诗作成就最高，其"丧乱诗"尤为有名；其词为金代一朝之冠，可与两宋名家媲美。金亡后，元好问随金朝大批官员被俘，并被关押两年。这期间，他痛心金国的沦亡，并为了以诗存史，勤奋编辑金国已故君臣诗词总集《中州集》。以"中州"名集，则寓有缅怀故国和以金为正统的深意。元太宗十一年（1239）秋，因其诗文名气颇大，元朝大臣耶律楚材倾心接纳元好问。可五十岁的元好问已无意出仕为官，是年重回家乡隐居，并交友游历，潜心编纂著述。

《题元遗山集》的大意：亲身经历过国破政亡、山河易主的大劫难，为修订两朝文献已把自己熬成老翁。入元不仕，有如伯夷叔齐不食周粟的气节，时常忧心故国的文献像楚人失弓一样遗毁（指珍贵的东西丢失了）。幽兰轩宫殿悲凉的夜里，闪烁着荧荧鬼火，故都燕京的乔木在瑟瑟秋风中如泣如诉。国家的不幸却成了诗人的幸事，在饱经沧桑后，诗句也变得工整，富有深蕴的情感。

"堡"，意思好理解，就是读音比较烦人，要格外小心。"堡"，读 bǎo（保）时，保卫，从土形从保作堡垒用，如碉堡、地堡、桥头堡等。这个兼表声，读音一般人错不了。"堡"，读 bǔ（捕）时，一般以"堡子"身份出现，堡子，指围有土墙的城镇或乡村，也泛指村庄。为了区别于防御工事，读音也略作变化。堡多用于比县小、比村大的地名，大体相当于镇。我们试着念一下中国共产党历史上著名的瓦窑堡会议。瓦窑堡，是陕北名堡，享有"天下堡，瓦窑堡"之誉。以瓦窑堡会议而全国知名，有"瓦窑堡革命旧址"。瓦窑堡街道地处子长市区、市人民政府所在地，是子长市的政治、经济和文化中心。在这里，刚刚结束长征的中国共产党召开了"一次极关重要的会议"——瓦窑堡会议，解决了遵义会议没有来得及解决的政治策略问题，制定出适合新情况的完整的政治路线和战略方针，确定了抗日民族统一战线的总政策和军事战略，实现了党的政治路线的转变。堡，读 pù（铺）时，多用于地名，相当于"铺"，五里铺、十里铺等"铺"字，有的地区写作"堡"。此处本来就是铺，指古时的驿站。古代设置驿站的地方后来多发展成为村镇，所以"驿""铺"后来多用于地名。其中的铺又写作堡，是为了与店铺的铺相区别。"五里堡"这个地名在河南的郑州市、周口市、许昌市、南阳市，山东的潍坊市、济宁市都有，就是郑州当地人，也少有人能读准"五里堡"这个地名。可以想象，这个"堡"，距离城市中心位置有五里距离。

细小的土飘在空中叫"尘"，"尘"繁体写作"塵"，甲骨文形体中间有三只小鹿，最上面一只小鹿的左右两侧各有一个"土"字，整合在一起表示鹿群奔跑引起的土灰。小篆中减少了一个"土"，把剩余的一个"土"移到了三只小鹿的下面，更形象地表明了鹿群奔跑扬起尘土。隶书减少了两个"鹿"，只保留一个"鹿"字。"尘"字的本义是"尘土",行路的踪迹与尘土有关,由此直接引申为"踪迹",如"步人后尘"。古典文学中常见到"尘网"一词,古代人们将当时的社会看成是束缚人的"罗网",所以,"尘网"是指当时的社会。唐代诗人王维《送元二使安西》写道:

渭城朝雨浥轻尘,客舍青青柳色新。

劝君更尽一杯酒,西出阳关无故人。

这首诗的意思是:清晨,渭城客舍,自东向西一直延伸、不见尽头的驿道,客舍周围、驿道两旁的柳树。大唐帝国的西域边陲战事不断,戍边的将士从这里出发到阳关以西,也有"问边"的官员从此到边疆去。从长安西去的大道上,平日车水马龙,尘土飞扬。而这次送别的时候,朝雨乍停,天气清朗,道路显得洁净、清爽。"朝雨"在这里扮演了一个重要的角色。早晨的雨下得不长,刚刚润湿尘土就停了。"浥轻尘"的"浥"(润湿)字,在这里用得很有分寸,显出这雨压住尘而不湿路,恰到好处,仿佛天从人愿,特意为远行的人安排一条轻尘不扬的道路。平日路尘飞扬,路旁柳色常会笼罩着灰蒙蒙的尘雾,一场朝雨,才重新洗出它那青翠的本色,所以说"新",又因柳色之新,映照出客舍青青来。这样的环境送西出阳关的朋友,冲淡了生离死别的悲伤之情。佛家、道家又把人世间称为"尘世",把是是非非的人世间称为"红尘",在佛家、道家的观念里,只有天国才是安静的、干净的、没有纠纷的,"红尘"不是神仙修养身心、羽化登仙的地方。

"城"字金文的形体左边中间的圆圈表示城围，上下是两座相对而立的城楼，右边是利刃朝左的斧头的形象，整合在一起的意思是用武器保卫城池。小篆的形体将金文中的城郭进行简化，用"土"字代替。"城"字的本义是"城墙"（古代的城邑四周都建有防御的高墙）。"城"和"郭"含义并不相同。当两个字分开使用时，"城"是指内城，"郭"是指外城；当两个字连用时，即"城郭"指的是城市。现在"城"多用来指城市、都市。我们所说的"城府"，多用来比喻人的心机多而难测。

三里之城，七里之郭，环而攻之而不胜。夫环而攻之，必有得天时者矣，然而不胜者，是天时不如地利也。城非不高也，池非不深也，兵革非不坚利也，米粟非不多也，委而去之，是地利不如人和也。

《孟子》这段话中的"城"指内城，即有围墙围成的城。围墙是一座城的防御工事，在北京、西安、开封、南京等古老的城市，还可以看到保存很好的古城墙。"三里之城，七里之郭，环而攻之而不胜"，攻城的一方的军事力量非常强大，四面包围着城，显然已经占领了外城——郭，但是即使如此，城还是久攻不下，因为守城的一方躲在城墙内，退可守，进可攻，进退自如，保存了自己，消耗了敌方。尽管他们以少敌多，与敌斗争中的时机很差，不占"天时"，但是他们占据了"地利"，依然不可战胜。这里的"城"外还有"池"，即护城河。今天叫护城河，实际上不是一条河，而是城墙外一圈池塘、壕沟，深可没顶，穿着铠甲的战士是不能涉水而过的。所以《孙子兵法》的《谋攻》篇说："故上兵伐谋，其次伐交，其次伐兵，其下攻城。攻城之法，为不得已。"意思是：上等的军事行动是用谋略挫败敌方的战略意图或战争行为，其次就是用外交战胜敌人，再次是用武力击败敌军，最下之策是攻打敌人的城池。攻城，是不得已而为之，是没有办法的办法。

"赤"的甲骨文字形中，上面是"人"，下面是"火"，在一起的意思是人被火烤红了。这个字给我们描绘了原始人类围坐在篝火旁的情形：熊熊燃烧的篝火，黑黢黢的四周和天空，围坐在篝火旁的一群人个个是红黄色的面孔，赤裸着上身。金文与甲骨文形体一致。小篆依然是"人"（大）"火"的形象。隶变——隶书简化之后失去原有形象。"赤"字的本义是"红色"。《尚书》解释："赤者，火色也。"姚鼐《登泰山记》云："日上，正赤如丹。下有红光，动摇承之。或曰，此东海也。"——太阳升上来了，红得像朱砂一样，下面有红光晃动摇荡着，托着它。有人说，这是东海。"正赤"，这说明"赤"的颜色就是火光映照在人身上的颜色，和初升的太阳颜色还有一定差别，稍微暗一些。中国古代的五行理论认为：金、木、水、火、土这五个基本元素构成了世界，和东、西、南、北、中相对应。东方属木，西方属金，南方属火，北方属水，土属中。前文说过郑州市的金水河是从西方流过来，就是这个理论的体现。南方属火，赤为南方之色，后因以赤指南方。笔者曾经到南宋灭亡的崖山（也写作"厓山"），看到青龙、朱雀、白虎、玄武四个"神兽"，才悟到这四个"神兽"很多古迹都有。四个神兽代表这四个方向，中间是麒麟，当然也是神兽。四个神兽又各自有七个星宿，合起来就是二十八星宿。朱雀是一只彩色（红色为主）的凤凰，凤凰可以涅槃，也就是浴火重生，所以被称为不死鸟，也叫火凤凰。王勃《滕王阁序》中夸赞"豫章故郡、洪都新府"的南昌——星分翼轸，地接衡庐。翼和轸是南方七宿中的两个。

人们经常说一个人忠心耿耿：赤胆忠心，这里的"赤胆"是"忠心"的意思。《三字经》说："人之初，性本善。"一个小孩子是天真无邪的，有"赤子之心"，纯真无邪。"赤诚"就是非常忠诚。

1871年3月28日，工人阶级性质的法国"巴黎公社"正式成立，反革命的梯也尔法军竟然在普鲁士军队的帮助下，对公社成员发动攻击。公社成员也群起反抗。因为一时找不到代表公社的旗帜，公社里的一名女工于是从自己身上的红裙撕下一块红布，作为公社的标志。从此以后，红色便引用为一切进步热情、反抗不义的阶级解放之符号。与此相对，代表反动、保守的势力，便是"白色"。列宁领导的俄国十月革命，和巴黎公社革命一样是马克思主义思想理论的工农革命，旗帜也是红色的，被视作赤色革命。十月革命胜利之后，反对俄国赤色革命的英、法、波（波兰）、日本、美国纷纷派遣或者支持武装力量，扼杀俄国的赤色革命。中国共产党的早期领导人瞿秋白在救国思想的影响下到了俄国，写成了最早的报告文学作品——《饿乡纪程》《赤都心史》，饿乡就是俄国，既是音译也是意译：俄、饿两个字音近似，同时在帝国主义围困下，俄罗斯人民处于极端困苦之中，吃不饱穿不暖。"赤都"就是俄国首都莫斯科。中国共产党独立领导的工农革命，和俄国革命一样是赤色革命。八一南昌起义、秋收起义、朱毛会师后建立的工农革命军，被通俗地称为"红军"。

"赤"还有赤裸的、裸露的意思。赤足就是没有穿鞋袜，形容一个人鲁莽、勇敢，赤膊上阵——《水浒传》里的李逵就是这样，不穿盔甲冲上战场。"赤"还从"赤裸"引申为"空的"，例如"赤手空拳"，手里什么武器也没有。《韩非子》里有"晋国大旱，赤地三年"的叙述，因为干旱，土地上寸草不生，庄稼绝收，这就是"赤地千里"。这样的时期最容易引发农民起义，明末李自成、张献忠等就是在"陕北大旱，赤地千里"的情况下铤而走险、揭竿斩木起义的。

"基"字甲骨文的字形下面是一个"其"（箕）字，"箕"里面装的是土，意思是起土打地基开始筑墙。金文的字形将"其"移到了"土"的上方，但其字义并未发生变化。"基"字的本义是"打地基开始筑墙"，现在泛指"建筑物的根脚"，如"地基"；又进一步引申为"根本的、起始的"，如"基本""基业"；此外，"基"还可以引申为"根据"，如"基于某方面的考虑"。

"块"的甲骨文字形外面看起来像筐子的形状，中间是"土"字，意思是用筐子装土。异体字为"塊"，从土从鬼，是个会意字，鬼也兼表声，变成了形声字。"块"字的本义是"土块"，由此引申为"成疙瘩或成团的东西"，如"土块儿"。"块"也可以用作量词，用于表示"块状或某些片状的东西"，如"一块地""两块糖"，表示整体的一部分。古代的货币很多是金属制造的，因为金属本身珍贵，有价值，一大块金属制成小块的，"一块钱"表示常用的价值一元的货币。

"块垒"一词最早见于《世说新语·任诞》。王孝伯问王大："阮籍何如司马相如？"王大曰："阮籍胸中垒块，故须酒浇之。"阮籍心怀不平，经常饮酒浇愁。后来经常用"块垒"这个词来表示心中愤懑，有郁结（气郁结成块），这些成块的不良情绪不好化解，所以总用酒来稀释、消解。阮籍（210—263），字嗣宗，陈留尉氏（今河南省开封市）人，三国时期魏国诗人、竹林七贤之一。门荫入仕（凭着自己高贵的出身当官），累迁步兵校尉，世称阮步兵。崇奉老庄之学，政治上则采取谨慎避祸的态度。三国归晋，魏国的政权被司马氏夺取，感恩曹魏的人被司马氏当作笼络的对象，笼络不成便被迫害。阮籍最好的朋友、竹林七贤之一的嵇康就是被司马氏借口杀掉的。阮籍心中愤懑，仇恨司马氏，特别反感司马氏的笼络，但又害怕自己也像嵇康一样被司马氏杀掉，所以更加郁闷，也变得非常谨慎，由一个率性而为的诗人变成一个"终日不开一言"的酒徒。钟会是司马氏的心腹，曾多次探问阮籍对司马氏夺取曹魏权力的看法，阮籍都用酣醉的办法避而不答，获免。司马昭本人也曾数次同他谈话，试探他的政见，他总是以发言玄远、口不臧否来应付过去，使司马昭不得不说"阮嗣宗至慎"。司马昭还想与阮籍联姻，阮籍竟大醉60天，使事情无法进行。阮籍不经常说话，却常常用眼睛表达自己的喜恶，用"白眼""青眼"看人。对待讨厌的人，用白眼；对待喜欢的人，用青眼。《晋书》记载：

籍嫂尝归宁，籍相见与别。或讥之，籍曰："礼岂为我设邪！"邻家少妇有美色，当垆沽酒。籍尝诣饮，醉，便卧其侧。籍既不自嫌，其夫察之，亦不疑也。兵家女有才色，未嫁而死。籍不识其父兄，径往哭之，尽哀而还。其外坦荡而内淳至，皆此类也。时率意独驾，不由径路，车迹所穷，辄恸哭而反。尝登广武，观楚、汉战处，叹曰："时无英雄，使竖子成名！"登武牢山，望京邑而叹，于是赋《豪杰诗》。景元四年冬卒，时年五十四。

在阮籍所处的时代，"礼法"把人际关系变得非人性、伪饰、做作。小叔子和嫂子说话就有违礼法。阮籍的大嫂有一次回娘家探亲，阮籍和她见面送别，就有人讥笑他。阮籍说："礼法难道是为我设的吗？"邻居少妇长得漂亮惹人喜爱，在店铺卖酒。阮籍常常到少妇那喝酒，醉了就躺在少妇身边。阮籍不觉得有什么要避嫌的，少妇的丈夫看见了也不怀疑什么。有户军人的女儿有才华也漂亮，没出嫁就去世了。阮籍不认识她父亲、兄长，却径直前去吊唁，哭够了才回家。阮籍就是这样一个外表坦荡、品性真诚的人，所作所为都是这个样子。有时自己驾车，想去哪儿就去哪儿，不走正路，车没法走了，便痛哭返回。王勃《滕王阁序》中说"岂效穷途之哭"，就是说怎么能像阮籍一样到了穷途末路，无力地痛哭？阮籍曾经登上广武（在河南荥阳北），这里是项羽和刘邦长时间对峙的地方，他远眺楚汉争战的地方，叹息说："当时没有英雄，让小子（指刘邦）成名了。"在他看来，项羽是个天地间顶天立地的大英雄，但是心地没有奸诈，力拔山兮气盖世，也没有赢一个市井无赖刘邦。阮籍整天心里痛苦着，但是又无人诉说，景元四年（263）冬天五十四岁时就去世了。可见他心中的"块垒"最终也没有被酒浇开，他借酒浇愁愁更愁，最终被"块垒"夺去了性命。

二、士部

"士"是"土"的附形部首。甲骨文"士"就像一棵禾苗插在地上的形象。由于耕作插苗古为男子所从之事，所以士引申出男子的美称。现在用得最多的是新时代最可爱的人——战士、士兵、上士、中士、下士。有人这样解释：士者，事也。任事之称也。引申之，凡能事其事者称"士"。也就是说"士"是有一定能力的、可以委以重任的人。"士"，上古掌刑狱之官。商、西周、春秋为贵族阶层，多为卿大夫的家臣。古时按社会地位将人分成若干等，士高于平民，但低于大夫（贵族），也就是最低级的贵族阶层，也是古代"四民"——士、农、工、商的最高层。后来用"士大夫"来称做官的阶层。士人在经济、政治上相比他人没有太多优势。文化上，士人相比他人掌握了一定的知识技能，基本上都是有职位的人，大多数在基层部门掌管具体事务。"学而优则仕"——知识就是力量，有一定知识、技能的人逐渐脱离"民"这个阶层，凭借自己的智慧和才能进入仕途，成为社会的管理者或者"准管理者"（预备人才），实现理想抱负。社会的大变革让以知识或一技之长谋生的社会阶层产生了，即"士"。春秋末年以后，"士"逐渐成为统治阶级中知识分子的统称。春秋战国时期是社会大变革的时代，诸侯纷争，豪杰四起，在这样的社会背景下，"士"逐渐成为新的阶层并迅速崛起。士人们襟怀大志，或著书立说，或奔走游说，在历史舞台上演绎一幕幕波澜壮阔的悲喜剧，对社会政治的变化产生了重要的影响。当时的"士"，有著书立说的"学"士，有为知己者死的勇士（侠士），有懂阴阳历算的方士，有为人出谋划策的策士等。例如：策士荆轲为燕太子丹刺秦王，策士冯谖为孟尝君经营"三窟"等。对各诸侯国来说，士人的才计谋略能在一定程度上推动国家的发展，帮助诸侯国在争霸中取得优势；对士人自己来说，寻得"明主"不但能保证生活温饱，还能实现自己的理想抱负，飞黄腾达，如苏秦成功说服诸侯国行"合纵"之策，最后执掌六国相印，无上尊荣。汉代开始，统治阶级选拔人才采用了民间"举孝廉"、官府考察的察举制，察举的都是"士"，这些人通过察举进入统治阶层。察举制到了南北朝，弊端逐渐显现出来，那就是"士族"豪门相互推荐、考察，社会地位低的庶族（庶民阶层）上升的通道被堵死。到了隋唐时期，看到这一制度弊端、具有改革精神的隋文帝率先以科举制来取代察举制。科举制度的"科"那就是考试，"举"还是推荐。察举制是先举后察，科举制是考试和推荐同时并行，有的士人就不参加科考而通过大臣的推荐而当上官。当然，科举制也是"士人"这个阶层实现人生华丽转身的主要渠道。在帝国的对外战争中，一些下层士兵通过战场上的竭力拼杀，成为军官，走上了仕途。统治阶级看到这一通道后，干脆在科举中设置"武举"这一科，使得很多有一定力量和武艺的士人当上了"武举人"。无论察举还是科举，士人进入了统治阶层，给统治阶级注入了新鲜的血液，增加了强劲的力量，维持着封建统治。

苏轼，后世小说中称呼为"苏学士"，学士，饱学之士。由于儒家文化的性质，学士又称为"儒士"。今天的"学士"是一个学位，大学本科毕业且达到一定的要求，即可获得学士学位。学士学位之上有硕士、博士等学位。显然古今"学士""博士"意思是不相同的。侠士，即侠义之士，又称"侠客"，指武艺高强、替天行道的人。他们大多受墨家、忠义等思想影响，行侠仗义。"侠"指有能力的人不求回报地去帮助比自己弱小的人。"客"指外来者，在这里可认为是指四海为家的游历者。因此侠客也就是指乐于四处帮助他人的游历者。因为帮助他人多与仗义疏财、主持正义有关。侠不仅只是武侠，还有仁侠、义侠等，他们未必有超人的武艺，所有不求回报地去帮助他人的人都可以称为侠者。侠之大者为国为民，侠之小者为朋友、为知己。"燕赵自古多慷慨悲歌之士"，这句名言中的

"慷慨悲歌之士"指的是荆轲。在《史记》里，司马迁给他们列了两个单独的专辑——《游侠列传》《刺客列传》。《游侠列传》记载了朱家、郭解等侠士，《刺客列传》记载了曹沫、专诸、豫让、聂政、荆轲五个刺客。司马迁实事求是地分析不同类型的侠客，充分肯定了"布衣之侠""乡曲之侠""闾巷之侠"，赞扬了他们"其言必信，其行必果，已诺必诚，不爱其躯，赴士之厄困……不矜（夸耀）其能，不伐（显摆）其德"等高贵品德。这些被视为"罪已不容于诛"的社会底层的人们，在司马迁的笔下却成为英雄，并对他们的不幸遭遇表示同情，对迫害他们的人表示极大愤慨。"方士"，方术士，是古代自称能访仙炼丹以求长生不老的人，也指从事医（最初和巫没有分开）、卜（占卜）、星（以星象推算吉凶祸福的方术）、相（指观察相貌，预言命运好坏的方术）类职业的人。"策士"指替别人（一般是当权者）出谋划策的人，如苏秦、张仪之类。

春秋时期，齐景公手下有三位勇士，分别是公孙接、田开疆、古冶子三人，他们三人都能赤手空拳地和老虎搏斗，因而以勇力闻名天下。相国晏子觉得这三个人是难于驾驭的暴徒，将来可能危及齐国的安定，就劝齐景公道："我听说圣明的君王蓄养勇猛之士，对上要有君臣大义，对下要有长幼伦常，对内可以禁止暴乱，对外可以威慑敌军；……而现在君王蓄养的勇士，对上没有君臣大义，对下不讲长幼伦常；对内不能禁止暴乱，对外不能威慑敌军。这不过是祸国殃民之人罢了，不如赶快除掉他们。"景公也有同感，但是他说："这三个人极富勇力，硬拼恐怕不能成功，暗杀恐怕也刺不中。"晏子说："这个，君王你就用不着担心了，我有办法，你只要照我说的办就可以了。"晏子于是请景公派人把三个勇士请到朝堂之上，赏赐他们两个桃子，说："你们三个人为何不按照功劳大小来吃这两个桃子呢？"公孙接仰天长叹，说道："我公孙接曾经打败了野猪，又曾经打败了正在哺乳的母虎。像我公孙接这样的功劳，可以单独吃上一个桃子，而不用和别人分享。"公孙接说完就拿起了一个桃子站起身来。田开疆接着说道："我接连两次击退敌军。像我这样的功劳，也可以单独吃上一个桃子，而不用和别人分享。"田开疆说完也拿起一个桃子站起身来。古冶子说："我曾经跟随国君横渡黄河，大鳖咬住国君车驾左边的马，拖到河流中间，在那个时候，我不能在水面游，只有潜到水里，顶住逆流，潜行百步，又顺着水流，潜行了九里，最后找到那只大鳖，将它杀死。我又把马救起来，使国君转危为安。像我这样的功劳，也可以单独吃上一个桃子，而不用和别人分享！你们两人为何不把桃子交还给我！"古冶子说完就抽出宝剑，站起身来。公孙接、田开疆见状说道："我们的勇敢比不上您，功劳也及不上您，却在您之前拿起桃子而毫不谦让，这就是贪婪；既然如此贪婪，依然恬不知耻地活着，还有什么勇敢可言？"于是他们两人都交出了桃子，接着刎颈自杀。古冶子看到这种情形，说道："他们两个都死了，唯独我古冶子独自活着，这就是不仁；用话语去羞辱别人，吹捧自己，这就是不义；悔恨自己的言行，却又不敢去死，这就是无勇。"他感到很羞惭，于是也放下桃子，刎颈自杀。

这就是"二桃杀三士"。千年以后，李白在《梁甫吟》一诗中感慨道："力排南山三壮士，齐相杀之费二桃。"可见再强悍的猛将，也可能陷入阴谋家的圈套之中，被不明不白地算计死掉。

"士"部首内汉字往往与男性有关。如，女婿之"婿"本为"壻"，以女方为中心的语言环境下，形声字"壻"改为新的形声字"婿"。但是对一个人表示赞美之情，也往往称之为"士"而忽略她的性别。如称某女为"女士"，即为尊称。杨绛和钱锺书都是著名的文人、教授、学者，很多人称杨绛为"先生"，这个"先生"就相当于"女士"。"女士"在古代还有一个优雅的称呼"仕女"，仕女就是贵族、官宦家的女子，一般美丽优雅，古代画家常常以她们为题材作画，这类画叫"仕女图"。"仕"，就是一个普通的"民"（人）成为"士"，就是当官的意思。"仕途"就是当官的历程（偏指升迁）。"仕""壮"中的"士"都是对男士的赞美之词。

"壮"，从爿从士，是会意兼形声字，爿，版筑床，象征建筑劳动。它有多个读音，在这里读 chuáng。"壮"本义是人体高大、肌肉结实、孔武有力，一个人（偏指男人）只有到了二三十岁，身体发育成熟，才"壮"。因此，长大成人叫"壮"。鸿门宴上，项羽见到私闯进门的樊哙，立马警觉起来，手按着剑柄，准备站起来，后来张良对项羽解释：闯进来的是刘邦的护卫人员樊哙，项羽立刻赞许道："壮士，赐之卮酒。"樊哙也不怯生，把一大杯酒仰面喝下，然后项羽又一次赞叹道："壮士，赐之彘肩。"又赏赐给樊哙一个猪腿啃食，真是惺惺相惜。梁启超写了《少年中国说》，呼吁中国少年一起强壮起来，建设"少年中国"。在文末，他深情礼赞："美哉，我少年中国，与天不老！壮哉，我中国少年，与国无疆！"

壮族，旧称僮（zhuàng）族，是中国人口最多的一个少数民族，民族语言为壮语。壮族源于先秦时期汉族史籍所记载的居住在岭南地区的"西瓯""骆越"等，主要聚居在南方，范围东起广东省连山壮族瑶族自治县，西至云南省文山壮族苗族自治州，北达贵州省黔东南苗族侗族自治州从江县，南抵北部湾。广西壮族自治区是壮族的主要分布区。1965 年 10 月 12日，根据当时的国务院总理周恩来的提议，并征得壮族人民的同意，由国务院正式批准，把僮族的"僮"改为强壮的"壮"字。"壮"字有健康的意思，也不会误读。从此以后，僮族一律改写为壮族。

牡丹是中国的国花。牡丹花色泽艳丽，富丽堂皇，素有"花中之王"的美誉。每年春天在河南洛阳举办的"中国洛阳牡丹文化节"，吸引了来自全世界的游人来观赏。牡丹花一般都是复瓣，且花型较大，有雍容华贵之相，所以成了富贵的象征。皇宫中花匠如云，培养出的牡丹自然更是难得一见的珍品。传说女皇武则天作为天下最有权势的女人，希望同时拥有所有美好之物，可是花开花落都是有时令的，什么季节开什么花那是一定的，鲜花不可能同时开放。独裁狂妄的武则天希望能同时欣赏所有花的美丽。于是她给百花仙子下一道圣旨，命令百花同时盛开。慑于她的淫威（如果不开就要放火烧），不同季节开放的花，竟然真的同时绽放，成为一道奇景。此事一时传遍长安，让人惊叹。而武则天的威严也随之传遍天下。可是偏偏有一种花不肯附和武则天的心意，那就是牡丹花。牡丹花高傲非凡，坚决不按圣旨盛开。武则天身为一代女皇，又怎容得下一株小小的牡丹公然与她对抗？她立刻下令，将牡丹贬谪到洛阳。从此，牡丹花只能在洛阳栽种，远离长安。唐代诗人白居易"花开花落二十日，一城之人皆若狂"和刘禹锡"唯有牡丹真国色，花开时节动京城"的诗句，正是东都洛阳牡丹品赏习俗的生动写照 。

"牡丹"的"丹"是红色的意思，古人常用花红柳绿来形容美丽的春天，以花红代指花开。牡丹这么高贵，人工培育早在东汉时期就开始了。明代李时珍《本草纲目》说："牡丹虽结籽而根上生苗，故谓'牡'，其花红故谓'丹'。"结籽的花需要授粉，授粉当然是有性繁殖，而从根部长出苗，就是无性繁殖了。"牡"和"牝"（pìn）相对，分别代表雄性的鸟兽和雌性的鸟兽。原来"牡"字的"土"是"士"讹变来的，"士"代表雄性；"牝"的"匕"代表雌性。《尚书·牧誓》："古人有言曰：'牝鸡无晨。'牝鸡之晨，惟家之索。"后人从此句提炼出成语"牝鸡司晨"，本义为母鸡代公鸡报晓，古时比喻妇女窃权乱政。《新唐书·文德长孙皇后传》：帝言，或及天下事，辞曰："牝鸡司晨，家之穷也，可乎?"这段话讲的是：唐太宗和长孙皇后谈话时，说到朝政之事，长孙皇后便推辞说：母鸡打鸣以报天明，因为其家穷困得连一只公鸡也养不起。你向我询问理朝治国之道，如同穷家缺少公鸡一样，这怎么能行呢?长孙皇后性格俭约朴素。服侍皇帝时，当取则取，当止则止，很有礼法。她辅佐唐太宗开创"贞观之治"，留下"千古贤后"的美名。

木：冒地而生，欣欣向荣

我们崇拜名人，说他们是人生的楷模。"楷""模"两个字都是木部汉字。本章我们探索木部汉字。

"木"是五行之一，东方属木。龙是中华民族的图腾，是至高无上的神兽。在人间，皇帝是"真龙天子"。二十八星宿中，东方七宿分别是角、亢、氐、房、心、尾、箕。古人把它们的分布想象成为龙的形象，因位于东方，按五行学说，东方色青，故名"青龙"。中国古代建筑讲究"阴阳五行"。明清北京帝都，可以说是完全在阴阳五行、风水理论指导下规划建设的。故宫在色彩应用上，也反映了五行学说的思想。宫墙、殿柱等属喜庆之物用红色。在五行体系中，红属火，属光明正大，故宫的正门是朝南开的。屋顶用黄色，黄色属土，属中央，皇宫在故宫正中间。皇宫东部屋顶用绿色，属东方木绿，属春，是皇子居所。皇城北部的天一门，墙色用黑，北方属水，为黑。故宫藏书的文渊阁，用黑墙、黑瓦，黑为水，可克火，利于藏书。天安门至端门不栽树，意为南方属火，不宜加木。

木，音 mù，象形字，甲骨文字形像一棵大树，中间一竖表示树干，上面两笔是树枝，下面两笔是树根，小篆字形承袭了甲骨字形。"隶变"将两个斜笔合为一个横笔，成"木"。古汉语词语绝大多数为单音节，现代汉语变成双音节。"木"到现代汉语中，就是"树木"。

商　西周　战国《说文》小篆 秦　汉　汉　楷书

由"木"合成的汉字很多。在"五行"——金、木、水、火、土中，土制的多为陶器，木制的多为工具、家具，而金制的最昂贵，有耕种用的农具、砍伐用的刀具，战争用的武器和交易用的钱币最贵。

木作为部首，称木部。多在字的左边，又称木字旁；有的在字的下边，又称木字底。

附形部首是"木"的变体，用在字的下边。

部中的字多与树木有关系，大致可分为五类：（1）树木的名称，如松、柏、杨、柳、李、杏、桃、榆、林；（2）树木的部位，如本（本义为树根）、末（本义为树梢）、枝、权、果；（3）树木的性状，如朽、枯、枉；（4）有关树木的动作，如植、析、染；（5）用木料制成的器物，如杖、杵、案、桌、椅、橱。"木"也作音符构成形声字，如"沐"。

杜甫《登高》是唐代律诗的典范篇目，其中对仗工整的诗句"无边落木萧萧下，不尽长江滚滚来"是千古名句。落木，在这里是落叶的意思。成语"行将就木"的意思是指人寿命已经不长，快要进棺材了，比喻人临近死亡。这里的"木"特指棺材。

"木"是植物，不会移动，后来"木"这个词因此引申为木讷（nè），"木讷"的"木"表示反应迟缓、行动缓慢，"讷"表示寡言少语、语言迟钝。另外"木"还有"麻木"的意思。《周礼》中说，八音是由"金、石、土、革、丝、木、匏、竹"这八种乐器演奏出来的音色。中国古代木制的民族乐器很多流传至今。

"树"是会意兼形声字，本义为木本植物的总称。但看它的繁体是"樹"，由"木""豆""寸"三部分组成，"木"是形旁。"豆"表示禾苗，音、义同"尗"；上加"士"表示树木幼苗，音同"尗"。"寸"就是手。三部分会合在一起，表示栽种（禾苗或树苗）。因此"树"还可以作为一个动词，表示种植、培育。栽种幼苗很关键的就是把幼苗扶正，这样它不会歪斜，这个意思就是"竖"。《国语·晋语》："夫竖树在始"——栽树是否能栽好，关键是一开始把树苗扶正。《孟子·滕文公上》："后稷教民稼穑，树艺五谷。"后稷是黄帝的玄孙，帝喾的长子，是周部落的始祖，姬姓，名弃。他的后代周文王、周武王灭掉殷商，建立了周。他生于稷山（今山西省稷山县），被尊为稷王（也称作稷神）、农神、耕神、谷神。是农耕始祖，五谷之神。他教会老百姓种植庄稼、收割庄稼。最先种植五谷——麻、黍、稷、麦、尗。这句话里的"艺"，繁体写作"藝"，也是种植的意思。后来"树"的意思引申为

"树立"，如"十年树木，百年树人"，花上十年的时光，就可以种一棵成材的大树；但是要把一个人、一家人培养得德才兼备，那就要花上一百年的时间。

"本""末"是指事字。指事字是在象形字的基础上再造的，当没有或不方便用具体形象画出来（即用一个象形字来表示）时，就用一种抽象的符号来表示，即在象形字的基础上添加、减少笔画或符号。如在象形字"刀"的基础上再造一个"刃"字，添加的一画指着这个字要反映的部位。"本""末"都是在象形字"木"的基础上再造的，在"木"的下面添一画，指着树木的根部，就是"本"，"本"的本义是树根；在"木"的上面添一画，指着树木的梢，就是"末"，"末"的本义是树梢。树木要长高长大，它的根要扎得深，扎根的土地要深厚肥沃。今天我们常用"根本"一词，就是指一件事的基础。"末端"指一件很长的东西结束的那一端。"末"就是树的顶端。"本末倒置"，那样栽树，树是活不成的，人们不会愚蠢到栽树时把树梢埋进土里，这个成语比喻颠倒了事物的轻重主次。

"未"字甲骨文字形和"末"字形相似，但是较短，表明树枝末端还没有长出来。这个意思后来不断虚化为"没有""不""尚未""将来发生"等意思。"未"表示"过去没有"，表示将来可能。陶渊明《桃花源记》里写了一个毫无情义的打鱼人，因为一个偶然的机遇，他发现了与世隔绝的世外桃源，并且受到桃花源人的盛情款待，临别时桃花源人告诫他："不足为外人道也"，意思是不能把世间存在桃花源的秘密告诉别人，但是打鱼人却在返程的路上"处处志之"，沿途做记号。到了州郡马上把桃花源的秘密告诉太守。太守马上派人跟着打鱼人去寻桃花源。但是这个不讲信义的打鱼人再也没有找到桃花源。南阳刘子骥，是一个高尚的人士，厌恶官场的尔虞我诈和盘剥百姓，决意退隐江湖，寻找一个世外桃源般的地方居住。他富有探险、探秘经验，听说桃花源后就立刻规划着去：路线、攀缘工具、干粮、衣物……但是"未果，寻病终"，最终也没有找到桃花源，带着遗憾离开了人世。"未果"就是"没有结果"，是没有找到桃花源的委婉说法。

那个时代官府对百姓的横征暴敛程度之深，简直到了无以复加的地步。几百年后，强盛的唐王朝发生了"安史之乱"，老百姓在战火中妻离子散、流离失所。石壕村一对老夫妇的三个儿子都死在战场上，只剩下年迈的他们和儿媳妇，以及一个尚在襁褓之中的孙子。面对半夜来"捉人"拉丁的石壕吏，老妇人哭诉着"室中更无人，惟有乳下孙。有孙母未去，出入无完裙"。"未"在这里是"没有"。

古人用天干地支纪年。有十个天干和十二个地支。天干按顺序排列为：甲、乙、丙、丁、戊、己、庚、辛、壬、癸；地支则十二个，分别是子、丑、寅、卯、辰、巳、午、未、申、酉、戌、亥。纪年时用天干与地支搭配，按顺序分别是：甲子、乙丑、丙寅……甲戌、乙亥、丙子……甲申、乙酉……这样搭配五次——六十年后，再搭配刚好再次从"甲子"开始。

这就是"六十岁一甲子","一甲子"十二地支各搭配五次。这就是"辛酉政变""甲午战争""戊戌变法""庚子之乱""辛亥革命"的纪年的由来。如其中的排在第八位的"未",按顺序分别是:辛未(第八年)、癸未(第二十年)、乙未(第三十二年)、丁未(第四十四年)、己未(第五十六年)。十二地支对应十二个属相:子鼠、丑牛、寅虎、卯兔、辰龙、巳蛇、午马、未羊、申猴、酉鸡、戌狗、亥猪。所有"未"年出生的人都属羊。

"才"字属"一"部,甲骨文的字形上面的一横表示地面,下面是正在萌发的草木的嫩芽,合在一起表示草木初生。《说文解字》:"才,木之初也。"这句话含有两方面的意思,以下我们加以分析,给大家一个清晰的认识。

"才"的本义的第一方面,就是它是一个植物,只不过在初生状态。这个植物将来可以长大成材,就像一个树苗可以长成参天大树,成为栋梁之材了。"才"的这一方面意思延伸,和"材"相同。这个"才"始终是个名词。说一个人"有才能","才能"的"才"同"材",意思是"本能",引申为"能力",如"才干"。古汉语和现代汉语都将"人才"和"人材"混用,实际上而这没有差别。《世说新语·规箴》刻画了一个有才华而又谦虚的大臣陆玩。陆玩是吴郡吴人,晋成帝时,在王导、郗鉴、庾亮等著名大臣相继死后,他受任为司空。司空是"三公"之一,负责一国的基础建设。陆玩很谦让,曾对众人说:"以我为三公,是天下无人矣。"言下之意天下如果有人才，我就不能当上这么大的官，负责这么大的重任。有人把他的谦让当作真的，还在陆玩当上司空后找上门去，上门之后还厚着脸皮向陆玩索要一壶美酒。接到美酒后，这个人不是和主人陆玩一起饮用，而是"便自起泻著梁柱间地，祝曰：'当今乏才，以尔为柱石之用，莫倾人栋梁'"。那人站起来在顶梁柱旁边的地上洒下美酒，祝告说："顶梁柱啊顶梁柱，因为当前缺少好材料，才用你来做大厦的顶梁柱，你千万不要让人家的栋梁塌下来。"不用说，他这是话里有话，指桑骂槐，旁敲侧击陆玩。对这样一个把谦辞当真的人，陆玩表现出一般人少有的肚量，笑曰："戢卿良箴。"意思是，我谨记你的忠告，一定尽职尽责，做好司空这个大官。在这则故事中，"才"和"材"通用了。王力《同源字典》解释：木有用叫作"材"，物有用叫作"财"，人有用叫作"才"。故"材""财""才"三字同源。表示"才能""才华"的"才"，从两汉时楷书到今天，字形基本没有变化。

"才"的本义第二方面，就是表示"草木初生"的"初"这个意思转化为"刚刚"，又进一步转化为"仅仅"。这项意思常常被另外创造的"纔"所承担，造成副词的"才""纔"混用。后来简化汉字时，又把"纔"简化成"才"。从以上叙述中我们可以看出，"才"字产生后意思朝着两个方向发展延伸。

陶渊明笔下的桃花源是一个打鱼人偶然发现的，这个世外桃源里的桃花随着流水流出，打鱼人沿着桃花漂流的路线溯流而上，在源头发现了一座山的"小口"，也就是洞，这个小口"初极狭，才通人"，仅仅容下一个人钻进去。这句话的"才"就是"仅仅"的意思。但是一进入小口，就"豁然开朗。土地平旷，屋舍俨然，有良田美池桑竹之属"。"才"的"仅仅"意义含在"才能"（副词）里，现代汉语中广泛运用。请看白居易的《钱塘湖春行》：

> 孤山寺北贾亭西，水面初平云脚低。
>
> 几处早莺争暖树，谁家新燕啄春泥。
>
> 乱花渐欲迷人眼，浅草才能没马蹄。
>
> 最爱湖东行不足，绿杨阴里白沙堤。

钱塘湖就是杭州的西湖，因为西湖临近钱塘江（浙江），西湖是"上有天堂，下有苏杭"的苏杭的天堂特征之一。唐代白居易、宋代苏轼都在杭州任职过，他们发现了西湖的美丽，也曾治理西湖，白居易在西湖上留下了"白堤"，苏轼在西湖上留下了"苏堤"。白居易绕过孤山寺，漫步贾公亭以西，看到西湖湖水初涨与岸平齐，白云垂得很低。看到几只早出的黄莺争栖向阳的暖树，也看到早春新飞来的燕子忙着筑巢衔泥。野花竞相开放就要让人眼花缭乱，春草还没有长高才刚刚没过马蹄。他感慨最喜爱湖东的美景令人流连忘返，那里杨柳成排绿荫中穿过一条白沙堤。"浅草才能没马蹄"这句名诗的"才能"就是副词"仅仅能"。

"果"，表示植物的果实。《说文解字》说："果，木实也。"这说明"果"最初偏指树木的果实，后来意思进一步扩展为所有植物的果实。人类从猿猴到猿人，走出了森林，采集果实由原来只采集树木的果实发展到采集所有植物的果实。采集的果实被形象地称为"劳动果实"，原来人类的劳动就像植物成长、开花一样会结出果实。"成果"，结成果实，后来又产生"结果"。词义逐渐往中性发展：结果不一定是好的，还有"恶果"。恶果一词出自《明觉禅师语录》："尔若明得贬褒句，未必善因而招恶果。"现今指坏的结果，比如自食恶果。

独木不成林，没错，"林""森"都是会意字。"林"指"许多树木或竹子"连成片，如"林海雪原"。引申为"聚在一起的事物或人"，例如"儒林外史""枪林弹雨"。《林海雪原》是现代作家曲波所创作的一部长篇小说，描写的是解放战争初期东北的茫茫林海里剿匪的战斗。1946年冬天，东北民主联军一支小分队，在团参谋长少剑波的率领下，深入林海雪原执行剿匪任务，侦察英雄杨子荣与威虎山座山雕匪帮斗智斗勇，终于胜利完成剿匪的战斗任务。"林海"是指战斗的环境是无边无垠，像大海一样宽广的森林里。《儒林外史》是清代吴敬梓创作的一部以知识分子——儒生为主要描写对象的长篇讽刺小说。为避祸文字狱，作者有意地把故事背景放在明代，但实际上描绘的是清代的社会生活。书中描写了一些深受八股科举制度和封建礼教毒害的儒生形象，反映了当时因热衷功名富贵而造成的极端虚伪的社会劣习，进而讽刺了封建官吏——由儒生参加科举考试而被选拔出的官员的昏聩无能、地主豪绅的贪吝刻薄、附庸风雅的名士的虚伪卑劣，以及整个封建礼教制度的腐朽和人的灵魂的扭曲。"儒林"指众多儒生。与之相对的还有官职"翰林"。翰林，是中国古代官名。翰，长而坚硬的羽毛，适合制笔，借指毛笔和文件。唐玄宗时，从文学侍从中选拔优秀人才，充任翰林学士，专掌内命由皇帝直接发出的极端机密的文件，如任免宰相、宣布讨伐令等。由于翰林学士参与机要，有较大实权，当时号称"内相"。首席翰林学士称承旨。唐代后期，多以翰林学士升任宰相。宋代犹以翰林院勾当官总领天文、书艺、图画、医官四局，以至御厨茶酒亦有"翰林"之称。北宋翰林学士仍掌制造。元丰改制后为正员官，号称"内相"，为握任宰执的主要人选。至宋始称翰林学士供职之所为"翰林学士院"。辽于南面官中置翰林院。金置翰林学士院。元代称"翰林兼国史院"。明代始将修史、著作、图书等事务并归翰林院，正式成为外朝官署。清沿明制，掌编修国史、起居注，进讲经史，以及草拟有关典礼的文件。其长官为掌院学士，以大臣充任，属官侍读学士、侍讲学士、侍读、讲、修撰、编修、检讨和庶吉士等统称"翰林"。清代大臣多出于此途。

"森"是"树木丛生繁茂"的意思，引申为"幽深可怕的样子"，如"阴森森的"。还有"严整"的意思，如"等级森严"。唐大历元年（766），蜀中叛乱，宰相杜鸿渐奉旨入蜀平乱。他推荐岑参为职方郎中兼殿中侍御史，因而岑参做了他的幕僚。随大军入蜀途中过五盘岭，岑参写下《早上五盘岭》一诗：

平旦驱驷马，旷然出五盘。

江回两岸斗，日隐群峰攒。

苍翠烟景曙，森沉云树寒。

松疏露孤驿，花密藏回滩。

栈道溪雨滑，畲田原草干。

此行为知己，不觉蜀遭难。

　　这首诗的意思是：诗人驱车赶路，登上五盘岭蛇行盘绕的栈道，见青山葱茏，天高地远，风清气爽，境象开阔，诗人心境为之一荡，亦清明高远，旷然透彻。远处嘉陵江汹涌澎湃，波涛起伏，急流回旋动荡，撞击着峨岩峭壁，两岸怪石突起，昂然对峙，沉默不语，太阳尚隐，东方青冥一片，群山苍郁古老，峰头攒聚。日之初出，光晕染着天空，晴明高远，彩翠分明，风烟俱净，天气晴朗，抹染着幽重阴郁色调的云树还朦胧未醒，沉浸在夜雾的森冷中。

　　松林疏朗，忽明忽暗，露出了那条孤独盘曲的栈道，草木繁茂，花团锦簇，隐蔽着山下急流险滩。峭壁上开凿的栈道孤悬在空中，经夜雨洗濯，光润打滑，田间绿草雨露未干，舒展着枝叶吮吸着清新的空气。此行有知己相随，蜀道虽有上青天之难，亦如履平地矣。

　　"深沉"的意思就是阴蒙沉郁。诗中描写了蜀道五盘岭道路崎岖，两山被阴沉的云树覆盖。但因有知己的赏识提拔，又能实现自己平乱安国的志向，再难的蜀道都不觉得难了。

　　唐代诗人李贺在其《感讽六首·其三》中有诗句"杂杂胡

马尘，森森边士戟"，"森森"在这里就是森严、整肃的意思。杂乱纷纷的敌军战马扬起黄沙，戒备森严的边疆战士紧握着长矛战戟。

失之东隅，收之桑榆。东隅，指日出处，借指早晨。桑榆，太阳将落时余光在桑榆之间，因用以指日落处，借指傍晚。比喻开始时或暂时在某一方面失利，但最终得到了补偿。也勉励人亡羊补牢，犹未为晚。这句话中"东""桑""榆"都是木部汉字。

"东"繁体写作"東"，甲骨文像竹木编的箦笼形，因此本义为圆竹笼。又因俗语称圆鼓鼓的东西为圆鼓笼东，由此泛称物品为"东西"。点燃的灯笼能令人联想到东方升起的红日，故又借指太阳升起的方向，即指东方。《左传》中记载了春秋时期晋国（在今天山西）借故侵略郑国（在今天郑州周边），还拉着秦国一同来攻打郑国，把郑国的都城团团围住。郑大夫烛之武见秦穆公，要求秦军停止进攻郑国，说郑国今后作为东方路上的居停主人，可以招待来往的秦国使者。如果真的灭掉了郑国，郑国的国土要并入挨近的晋国，秦国要死上很多人却得不到好处，还要失去一个东道主。因郑国在秦国东面，所以称为"东道主"。"东道主"泛指接待或宴客的主人。在中国古代，主位在东，宾位在西，所以主人称东。像今天我们说的做东、东家、房东皆有此意。东宫，太子所居之宫，亦借指太子。《诗·卫风·硕人》是赞美齐庄公的女儿、卫庄公的夫人庄姜的诗。诗曰：

硕人其颀，衣锦褧衣。齐侯之子，卫侯之妻，东宫之妹，邢侯之姨，谭公维私。

手如柔荑，肤如凝脂，领如蝤蛴，齿如瓠犀，螓首蛾眉。巧笑倩兮，美目盼兮。

硕人敖敖，说于农郊。四牡有骄，朱帻镳镳，翟茀以朝。大夫夙退，无使君劳。

河水洋洋，北流活活，施罛濊濊，鳣鲔发发，葭菼揭揭。庶姜孽孽，庶士有朅。

这首诗的意思是：美人身材高挑长相俏丽，穿着麻衣罩衫披着锦衣。她是齐侯的女儿，今日将成为卫侯的妻子，齐国太子的亲妹妹，邢侯、谭公的小姨子。她的手指纤纤像初生的嫩芽，皮肤白润像凝固的油脂，脖子白嫩修长像蝤蛴一样，牙齿比瓠子还洁白整齐，她的前额方正眉毛细长。她浅笑盈盈，美目流转。身材高挑的美人，在城郊停车休息。四匹雄马多肥膘，系在马嚼上的红绸迎风飘扬，华车驶往朝堂去嫁给卫庄公。诸位大臣早早退朝，今日不要让君主太过操劳。黄河之水浩浩荡荡，滔滔奔腾流向北方。撒开渔网沙沙响，黄鱼鳝鱼跳进网，密密芦苇高又长。陪嫁的姜女都盛装打扮，随从的侍卫都勇武有力。

该诗描写了齐庄公的女儿庄姜嫁给卫庄公的大婚盛况。其中，"东宫之妹"就是指太子的妹妹，这里指庄姜是齐太子得臣之妹。这首诗赞美了庄姜的家世、美貌和仪从之盛，夸耀其贵族的地位和豪奢的生活。

李、杏、桃、梅、栗、橘都是果木树，它们的果实和树名一致，美味对人有吸引力，不用宣扬就有人喜爱。司马迁对飞将军李广非常崇拜，在历史巨著《史记》中留下《李将军列传》。在这篇列传的结尾，司马迁写道：

太史公曰："《传》曰：'其身正，不令而行；其身不正，虽令不从。'其李将军之谓也？余睹李将军悛悛如鄙人，口不能道辞。及死之日，天下知与不知，皆为尽哀。彼其忠实心诚信于士大夫也？谚曰：'桃李不言，下自成蹊。'此言虽小，可以谕大也。"

这段话的大意是司马迁评价李广：《论语》里说，在上位的人自身行为端正，不下命令事情也能实行；自身行为不正，发下命令也没人听从。这就是说的李广吧！我所看到的李将军，老实厚道像个乡下人，开口不善讲话，可在他死的那天，天下人——不论认识他的还是不认识他的，都为他尽情哀痛。他那忠实的品格确实得到了将士们的信赖呀！谚语说：桃树李树不会讲话，树下却自然地被人踩出一条小路。这话虽然说的是小事，但可以用来比喻大道理呀。

"桃李不言，下自成蹊"和"其身正，不令而行"具有同样的道理。几百年后，唐代诗人王勃感叹说"冯唐易老，李广难封"，王昌龄说"但使龙城飞将在，不教胡马度阴山"，高适《燕歌行》"君不见沙场征战苦，至今犹忆李将军"。李广是司马迁笔下一个具有卓越才干和优秀品质的一代名将形象。他射技高超，打仗勇敢；仁爱士卒，不贪钱财。他"得赏赐辄分其麾下，饮食与士共之。终广之身，为二千石四十余年，家无余财，终不言家产事"。在战场上，每遇乏绝之处，"见水，士卒不尽饮，广不近水；士卒不尽食，广不尝食"。这是极为难得的优秀品德。李广"讷口少言"，"宽缓不苛"，士兵们都愿意跟随他打仗，乐于为他效力，生前他受到士卒爱戴，死后受到天下人的志哀。李广就像甜美的果实挂满枝头的桃李一样，没有口能言，却吸引了无数人，具有无穷的魅力。

"桔""橘"读音相同，北方人很多对"桔子""橘子"分不清楚。这不奇怪，在许多地区橘子和桔子就指的是同一种水果，而在不同的地区人的说法或者写法不同，特别是在中国北方地区人们习惯上就会把桔子写作"橘子"，而在南方地区则多数会用"桔子"来书写，从根本上说这两个名字都是指同一种水果。同时，"橘"和"桔"都是现代汉语规范字，"桔"作"橘子"一义时为橘的俗写。其实这两个字还是有区别的。春秋时期齐国外交家晏婴（晏子）出使楚国时被楚王置难堪，晏子说"橘生淮南则为橘，生于淮北则为枳，叶徒相似，其实味不同"，是因为不同的水土使一个美好的果树变异了，使一个道德操守非常好的人变成了强盗。战国时期大诗人屈原生长在盛产橘子的长江三峡一带，他曾写《橘颂》，热情地讴歌橘子。汉代许慎《说文解字》中解释："橘，果。出江南，从木，矞声。居聿切。"而对"桔"的解释为："桔，桔梗。药名。从木，吉声。"也就是说，当时"桔"字只有"桔梗"的意思（和读音），而没有"桔子"的意思（和读音）。可以看出，

"桔子"应该是后来橘子产地的南方才有的说法。今天，南方人把"八"解读为"发"、把"四"解读为"死"、把"橘"解读为"桔"、把"桔"理解为"吉"是相同的道理。北魏地理学家郦道元写《水经注》的时候，将湘水（湘江）中"橘子洲"写作了"吉子洲"。可见古时候"桔子"的前身，很有可能是"吉子"。吉，有吉祥的意思，也代表了古人们美好的生活愿望。作家冰心的散文《小橘灯》曾经作为中学语文课文，文中说用橘子皮和一小节蜡头做成了小橘灯，照亮了山城重庆黑暗的夜里下山的路。可见冰心还是采用了正规的说法。

橘树在古人眼里，和桃李一样，具有美好的品质。屈原在《九章》中有一首诗叫《橘颂》：

后皇嘉树，橘徕服兮。受命不迁，生南国兮。

深固难徙，更壹志兮。绿叶素荣，纷其可喜兮。

曾枝剡棘，圆果抟兮。青黄杂糅，文章烂兮。

精色内白，类可任兮。纷缊宜修，姱而不丑兮。

嗟尔幼志，有以异兮。独立不迁，岂不可喜兮？

深固难徙，廓其无求兮。苏世独立，横而不流兮。

闭心自慎，不终失过兮。秉德无私，参天地兮。

愿岁并谢，与长友兮。淑离不淫，梗其有理兮。

年岁虽少，可师长兮。行比伯夷，置以为像兮。

用现代汉语说，就是：

后土皇天之间生长着美好的橘树，枝叶纷披。生长在这温暖的南方，独立不移。

146

它有绿的叶、白的花、尖锐的刺。多么可爱啊，还有它圆滚滚的果子！

果实由青而黄，越到成熟色彩越美丽！内瓤洁白晶莹，味道芬芳无可比拟。

橘树植根深固，不怕冰雪氛霏。它天生的本性坚贞，多么类似仁人志士。

年轻的人啊，你卓尔不群，与众不同。你志趣坚定，竟与橘树同风。

你心胸开阔，气度那么从容！你从不随波逐流，也不故步自封。

你谦虚谨慎，内心沉稳，决不胡思乱想。你至诚一片，盼望与日月同光。

我愿和你，永做个忘年的朋友。和你一样不屈不挠，坚持真理，耿直到尽头！

你年纪虽小，可以为世楷模。足比古代的贤士伯夷，永垂万古！

树木有针叶阔叶之分，以适应不同的地理环境。《论语·子罕》上的："岁寒，然后知松柏之后凋也。"孔子在这里以松柏比喻有道德有修养的人有坚韧的力量，耐得住困苦，受得了外界的打击和危机的考验，不至于改变初心。松树和柏树都是针叶树，是一年四季常绿的——不改变本色。是的，只有在艰苦的环境中，才知道谁是真正的君子。只有在污浊的社会中，才知道谁是真正的正人君子。

　　严子陵是两汉之间人，少年时他父亲任南阳郡新野县县令，南阳的豪强地主刘秀和严子陵年龄相仿，一同游学，两个人用现在的话说就是发小兼同学。后来刘秀起兵推翻了新莽政权，当上了皇帝。他召集严子陵到京城去为他效力。严子陵到了京城后，和刘秀相处了几天，感觉到刘秀的臣下都是山呼万岁和阿谀奉承，明白自己和刘秀再也回不到当年亲密无间、无拘无束相处的少年时代了，如果到朝廷里去任职，自己和刘秀的朋友关系就会变成等级森严的君臣关系，于是回到富春江畔隐居，对荣华富贵丝毫不感兴趣，再也不接受刘秀的召唤。一生"安能摧眉折腰事权贵，使我不得开心颜"的李白对严子陵非常推崇，他留下了《松柏本孤直（古风其十二）》的诗篇：

松柏本孤直，难为桃李颜。

昭昭严子陵，垂钓沧波间。

身将客星隐，心与浮云闲。

长揖万乘君，还归富春山。

清风洒六合，邈然不可攀。

使我长叹息，冥栖岩石间。

　　李白在这首诗里拿"桃李"和"松柏"对比："松柏本孤直，难为桃李颜"，开门见山，对严子陵"富贵不能淫"的品格的总结概括，也是李白借以抒发其自己的志意情怀。孤直，是松柏自然的形态，在这里被李白赋予人的一种高贵品质。桃李之花，在春风里绽放，色彩妖艳，似有争宠之态，让人不禁想到人的谄媚之相。"松柏本孤直，难为桃李颜"字面的意思是：松柏之树本来就有孤直的形态，难以装扮出桃李之花的容颜。这两句以拟人化的手法，将松柏和桃李赋予了人的性格特点，对比反衬，以比拟严子陵的人格特质。所以，这两句诗其真实的意思应该是：严子陵生就像松柏那样孤直的品性，难以做出像桃李之花那样争宠巴结的媚态。在孤直、不媚上这一点上，李白与严子陵是有同样志趣的，所以当他写下"松柏本孤直，难为桃李颜"时，既是对严子陵人品的赞美，也是对自己心志的一种表达。

梅花是中国十大名花之首，与兰花、竹子、菊花一起列为四君子，与松、竹并称为"岁寒三友"。在中国传统文化中，梅以它的高洁、坚强、谦虚的品格，给人以立志奋发的激励。在严寒中，梅开百花之先，独天下而春。北宋王安石有著名的《梅花》一诗：

> 墙角数枝梅，凌寒独自开。
>
> 遥知不是雪，为有暗香来。

这首诗没有描写梅花的枝叶和花朵形态，而是着意写梅花"凌寒独自开"的品格，写它的沁人心脾的"暗香"。这里写的梅花，正是作者人格的化身。王安石变法失败，被迫辞职，十分孤独。但他仍倔强地坚持自己的政治理想。这首诗正是以动人的艺术形象表达了作者的思想品格和一如既往、九死未悔的深情。给梅以人格化，是这首诗的主题所在。"松竹梅岁寒三友，桃李杏春风一家"，天寒地冻，花木凋零。只有松、竹、梅这三位"朋友"欣欣向荣，一派生机。梅、竹、松是中国传统文化中高尚人格的象征。松、竹、梅，都是经冬不凋的，意在肯定其不屈的气节；桃、李、杏，都是逢春绽放的，意在肯定其无限的生机。对联寓意为勉励人们经得起严酷的考验，终会迎来欣欣向荣的春天和美好的前景。"岁寒三友"和出淤泥而不染的荷花、"我花开后百花杀"的菊花，都是中国文人笔下的歌咏对象，也是中国画画家的笔下题材。如果能了解中国如李白、范仲淹、王安石、苏轼、方孝孺、王夫之等知识分子的精神品格，对文人和画家不谋而合的取材习惯，就心领神会了。

在众多的树中，有一种树被人诟病，不愿多提起，它就是桧（guì）树。桧树又叫桧柏、刺柏、圆柏，常绿乔木，叶刺状或鳞形，干似松，木材坚实，有芳香，可供建筑及制作家具之用。在"建设绿色中国"的今天，这种树因为四季常绿而被广泛种植。但是即使你亲手栽种、培土、浇水、养护这种树，你也不一定知道它叫桧树。造成这种不公正待遇的原因是，"桧"这个字还有一个读音，即huì，用作人名。"靖康之变"之后以"莫须有"罪名害死岳飞的南宋奸相秦桧是有名的大奸臣。在风景如画的杭州西子湖畔，有抗金名将岳飞的陵墓，陵墓前跪着五个手被反剪着绑在背后的铁制人像。其中有两个是害死岳飞的大奸臣、南宋宰相秦桧和他的妻子王氏的铁像。真是"青山有幸埋忠骨，白铁无辜铸佞臣"，五个铁像常常被游客掌掴、拳击、足踏、唾面。清朝乾隆年间，江宁（今南京）人秦大士科举考试中了状元，乾隆皇帝对他很是赏识，授予他翰林院修撰的职位，让他掌修国史。他为政清廉，做事一丝不苟，为此获得了乾隆皇帝的青睐，官运亨通。有一次他与大诗人袁枚等好几个朋友同游杭州西湖。经过岳飞墓时，他们就看到了跪在岳飞旁边的秦桧夫妇铜像。"秦桧"和"夫人王氏"跪在那里，身上缚着枷锁，头微微低着。铜像周围还有许多秽物。同行的人都看着跪在一旁的秦桧夫妇的铜像，指指点点。唯有秦大士，看后心里很不是滋味，一言不发。有好事的人看到他这样，于是故意走到他的身边，请他就秦桧的跪像题一副对联。秦大士很窘迫，可大家都看着他，他不题也不太好。这时大才子袁枚看出了他的窘迫，于是就代他吟出了上联"人于宋后羞名桧"，秦大士听后，很是难为情地对上了下一句："我到坟前愧姓秦。"通过这副对联，我们可以看出秦大士的才思敏捷，同时也理解了他忠奸分明的立场。同行的人立刻肃然起敬。这件事流传甚广，秦大士的才能和品行也随着流传四方，上到朝野，下到乡野百姓，人人都知道有一位叫秦大士的品行高洁的官员，他们都对秦大士啧啧称赞。自此，西子湖畔除了白娘子的传说，又多了一个佳话。秦大士"愧姓秦"但是不能不姓秦，任何人都可以"羞名桧"，不取"桧"为名，连和"贵"谐音的"桧"也不再有人提起，而是改叫"刺柏""扁柏"了。这让笔者联想起"精卫填海"的"精卫"，自从大汉奸汪精卫叛国投日当汉奸，再也没有人取名"精卫"了。

李白的《静夜思》可以说是家喻户晓妇孺皆知：

床前明月光，疑是地上霜。

举头望明月，低头思故乡。

　　但是并不多人知道这里的"床"并不仅是卧具，而且是一种坐具。《说文解字》解释："牀，安身之坐者。从木，爿声。"俗字为"床"。爿（pán）声后来怎么转变成chuáng，现在还不得而知。也有学者考据说"牀"最早写成"爿"，就是床的"长相"，但是在甲骨文时代，竖画比横画容易刻画，所以就写刻成"爿"，随着文字的发展，"爿"字又有了别的意思，本来的意思加上"木"成了"牀"。汉字的形声造字法在春秋战国到汉代时发展很快，有人又造出了"床"来代替"牀"，后来"床"的写法流行开来，"牀"就成了"床"的异体字。今天我们还可以从"夜不能寐"的"寐"字发现"爿"的痕迹："寐"就是睡觉，还是安稳地睡觉，因为"宀"表示睡在房屋里，条件较好，还有床（爿），当时很多人是席地而卧。《战国策·齐策五》："秦王恐之，寝不安席，食不甘味。"作为诸侯王的秦王"寝不安席"，表明历史上相当长一段时间里，相当多的人是睡在席子上的。《说文解字》注介绍"牀之制略同几而低于几。可坐。故曰安身之几坐。牀制同几。故有足有桄。汉管宁常坐一木榻。积五十余年未尝箕股。其榻上当膝处皆穿。此皆古人坐于牀而又不似今人垂足而坐之证也。牀可坐。牀亦可卧"。这说明床是一种可以坐在上边的器具，这种器具隐藏在"几"（低矮的桌子）后边，坐上去双脚不垂下来，也可以睡在这种器具上边。这说明那时的床是可供坐卧的器具。乐府诗歌《孔雀东南飞》中："媒人下床去，诺诺复尔尔。"媒人是上门说媒的，说媒需要介绍男方好多情况，就坐下说话。这种床不大适合睡觉（没有席地而卧的宽敞），所以南北朝时就有了仅供睡觉用的大床了，这种大床用帐等隔离开来，不用来坐。当然有这种专用大床的人的房屋要大，条件要好，而一般的游子漂泊在外，住的旅店或者借住的地方，是不会提供这么好的条件的。李白《静夜思》里的床，应该还是坐卧两用的器具。

今天旅客出门，晚上住在一个地方，较为正式、文雅的说法是：下榻在某某酒店。这一句话使不熟悉中华文化的"老外"很难理解。首先，这里说的"酒店"不是供人喝酒的地方，大学的"酒店管理"专业也不是学习如何开饭店的，"酒店"是较为高级的旅馆，例如"五星级酒店"，就是住的旅馆条件较好，级别较高，收费较高。其次，"下榻"就是住的意思。"榻"就是卧榻。《后汉书·徐稚传》记载："蕃在郡不接宾客，唯稚来特设一榻，去则悬之。"徐孺子，名稚，东汉豫章南昌人，当时隐士。东汉名士陈蕃为豫章太守，不接宾客，唯徐稚来访时，才设一榻，徐稚去后又悬置起来。如果是一般人，作为当地太守（州郡的最高长官）不会接待的，更不用说要设个专用雅座。这时的"榻"应该是比较高级的坐具兼卧具。《三国志·鲁肃传》记载："（孙权）乃独引肃还，合榻对饮。"可见榻主要是用来坐的。当时已经有"胡床"传到"中土"，就是像今天的马扎一样的床。"马扎"腿交叉，上面布或麻绳等连接两个横梁，可以合拢，便于携带。马扎也是从"胡地"传入"中土"的，"中土"人开始从席地而坐到坐的高一点，到了唐代"胡地"又传入了凳子，人们坐得更高一些。"胡床"是大的"马扎"，有两个大的横梁和两对交叉的床腿，也便于合起来不占地方。胡床中间是软的，笔者幼年时长期睡在上边（叫"软床"），便于挪动搬运，睡上去并不舒服。唐宋时已经有专门的"卧榻"。南唐后主李煜当皇帝时，南唐面临着被北宋吞并的威胁，李煜就派使者到北宋皇帝赵匡胤那里求情，表示南唐对北宋很礼貌，很尊重，可以奉上贡品。"太祖曰：'不须多言，江南有何罪，但天下一家，卧榻之侧，岂可许他人鼾睡？'""黄袍加身"当上皇帝的赵匡胤，把当时的大宋看成自己的卧榻，绝不愿意让一侧的南唐皇帝李煜呼呼大睡的。赵匡胤的"卧榻"太大了，相当于今天半个中国。

金：文明的重要阶段

　　遥想我们的先祖从森林里走到边缘时，生存是多么艰难：获取食物的途径是捕猎、采集，可他们手无寸铁，武器、工具只有石块、木棍和骨头，甚至自己的牙齿。好在他们社会化程度高，过着群体生活，集体狩猎、采集，互相配合、互相搀扶着从远古一步一步走来。

　　他们使用石刀、石斧加工了工具，制造了弓箭，用食物剩下的骨头磨制出箭镞，射杀快速奔跑的猎物。"箭镞"就是箭头，箭杆多是竹质，而箭头多是铁质的，所以写作"箭镞"，但是最早的"镞"是石头磨制的，也有骨头磨制的。

　　制造、使用石器的同时，祖先也制造、使用陶器。陶器是采挖陶土来烧制的，在采挖、烧制的过程中，人类发现了天然铜。后来，祖先用天然铜和铅矿、锡矿一起冶炼，炼制出了青铜，中国由石器时代进入了青铜时代。铜、铅、锡合金制造的鼎、钟、斧、铲、刀剑，考古发掘出来时，表面已经氧化，呈青色，所以叫"青铜"。遗存在鼎等青铜器上的汉文字，就是"金文"。

后来，由于冶炼技术的提高，煅烧温度提高到铁的熔点之上，再加上铁矿分布的广泛和易于开采，春秋战国时代的人们开始炼铁，并用铁器替代了青铜器。中国从此进入铁器时代。位于河南省西平县酒店乡酒店村南500米处，遗址南系龙泉河，北接棠溪河，置谭山水库两岸，有战国至汉时期重要的冶铁基地。据《史记》及《吴越春秋》等典籍记载，该地为战国、汉晋时期著名冶铸重地，战国时著名的棠溪、龙泉、干将、莫邪等名剑均在此铸造。而价值连城的越王勾践剑，则为青铜制造的利器。

战国到秦汉时代，中国是诸侯纷争、战火连绵的苦难岁月，被称为中国最早的"铁血时代"。"秦王扫六合，虎视何雄哉"，具有雄才大略的秦王嬴政之所以能"奋六世之余烈，振长策而御宇内，吞二周而亡诸侯，履至尊而制六合，执敲扑而鞭笞天下"，有很多政治、经济条件，如商鞅变法、富国强兵，也有冶炼、制造兵器技术发达的原因，那时铁开始广泛使用于武器制造，造出了很多"强弓硬弩"，特别是射程很远、箭镞锋利的弩，使灭掉六国统一天下得到了技术、物质上的保证。

从战国到秦汉，铁制农具已经广泛使用，农业发展使得汉初"休养生息"获得了很好的效果，汉帝国在几十年的休养生息政策后，粮食生产保证了国民的吃饭和军粮的供给，蓄养了大批马匹没有用于农业而用于战争，汉武帝才主动发起对匈奴的反击战，基本解除了北方少数民族的威胁。

从战国到秦汉，在社会经济生活中，已经开始使用金属制造的钱，汉初的"五铢钱"就是一个例子。

综上所述，金属在中国文明进程上具有举足轻重的地位。今天，中国已经成为全世界的制造业中心，一个显著的标志就是每年消耗了全世界65%以上的铁矿石。这一章，我们探讨这一进程在汉字上的"遗存"，认识"金"和"金部"汉字。

"金"是象形兼会意兼形声字，金文字形的两点在左侧，是两块铜饼或铜矿石，右边上为"今"，下为"土"。小篆的"金"字的两点就"跑到""今"下"土"上了，但"今"和"土"是上下分开的。到了隶书，"金"字基本字形确定为今天这个样子。在"金"中，两点代表青铜原料——黄铜矿石或者黄铜饼；"土"代表黄铜矿石或者黄铜饼是从土中发掘出来的；"今"代表"金"的读音。"金"字的本义是黄铜矿石或者铜饼，后来引申为其他金属、黄金等。

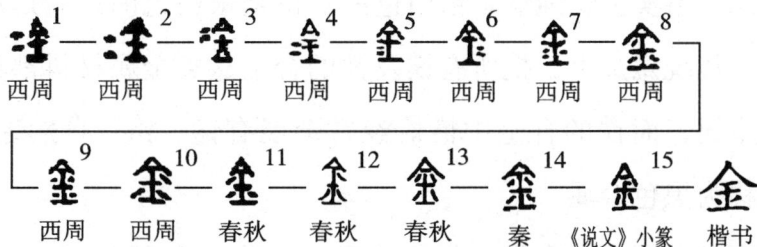

1	2	3	4	5	6	7	8
西周	西周	西周	西周	西周	西周	西周	西周

9	10	11	12	13	14	15
西周	西周	春秋	春秋	春秋	秦	《说文》小篆	楷书

"金"作为部首，称金部。附形部首"钅"是"金"的简体，在字的左边，称金旁或金字旁。部中的字多与金属有关系，大致可分为五类：（1）金属名，如"铁、银、铜、锡"；（2）生产工具、生活用品等，如"锄、镰、镐、铲、钳、针、钉、锅、钵"；（3）兵器、刑具等，如"钺、镣"；（4）乐器，

如"钲、钹、铙、铎";（5）金属元素，如"镭、钋"。

"金"也作音符构成形声字，如"锦""钦"等。

"五色金也。黄为之长。久埋不生衣，百炼不轻，从革不违，西方之行，生于土，从土左右。注：象金在土中形。今声，凡金之属皆从金。居音切。"用今天的话说：金，白、青、赤、黑、黄五色金属的总称。黄金作为它们的代表，久埋在地下，不产生朽败的外层，千锤百炼，不损耗变轻，顺从人意，变更成器，不违背其本性，是代表西方的一种物质。产生在土里面，所以从土；土字左右两笔，像金属块状物在土中的样子；今表声。大凡金的部属都从金。居音切。

银，白金；铅，青金；铁，黑金；铜，赤金；金，黄金。是为"五色金"，简称"五金"。今天把金属分为黑色金属和有色金属两大类。黑色金属包括铁、锰、铬，其他金属称为有色金属。事实上，纯铁是银白色的；铬是银白色的；锰是灰白色的。传统意义上，把所有铁及铁的合金这类金属材料都称为黑色金属，而铁的合金中恰恰经常会混有锰、铬，自然地锰、铬也称为黑色金属。

有色金属中很多都是非常贵重的金属，所以国家有"有色金属进出口总公司"，专门控制有色金属的对外贸易。"稀土"，实际上是稀有金属矿，就是其中最贵的金属，比黄金更珍贵。

上文曾经谈道：郑州市有金水河，是从西方流来的。五行之中，西方属金。

杜甫《赠卫八处士》诗开头写道："人生不相见，动如参与商。"意思是：世间的挚友（指"我"和"你"，即杜甫和卫八）就是这样一旦分别就很难再次相见，就像天上互不相见的参、商二星一样，一颗升起另一颗必然落下。参，指西官白虎七宿中的参宿；商，指东官苍龙七宿中的心宿，是心宿的别称。参宿在西，心宿在东，二者在星空中此出彼没，彼出此没。古人以此比喻彼此对立，不和睦、亲友隔绝，不能相见，有差别、有距离。《左传》上有记载：神仙的两个儿子不团结不和睦，见面总是打架，殴斗不止，为了避免伤亡，也为了惩罚，神仙让一个居东方——商，一个居西方——参。现代天文学发现，这两颗星星指的是同一颗行星——金星。金星在中国古代被称为太白金星，清晨在东方天空出现被称为"启明星"，晚间在西方天空出现被称为"长庚星"或"昏星"。金星是整个天空中除了太阳和月亮之外最亮的自然天体。

在脍炙人口的小说《西游记》中，太白金星就是个多次和孙悟空打交道的好老头。他两次到"下界"请"妖仙"美猴王到天上任职：先任"弼马温"，后任"齐天大圣"。太白金星是一位童颜鹤发的老神仙，经常奉玉皇大帝之命监察人间善恶，被称为西方巡使。到了花果山，被小猴子抓住胡子，扯住衣襟，嬉闹一番。孙悟空到西天取经，一路上九九八十一难，太白金星也常常为之排忧解难。可见，太白金星是上帝的使者，也是和蔼可亲的长者。

唐代大诗人李白，字太白。传说李白出生不同寻常，他母亲梦见太白金星落入怀中而生，因此取名李白，字太白。长大后的李白也确有几分"仙气"，他漫游天下，学道学剑，好酒任侠，笑傲王侯。"李白一斗诗百篇，长安市上酒家眠。天子呼来不上船，自称臣是酒中仙。"神仙本来在天上，到了人间就是"被贬下凡"，所以李白是"谪仙人"，是"诗仙"。

水、金、地、火、木、土……在太阳系的八大行星中，金星是接近太阳的第二颗行星。

关于"金"的这么多美好的传说和命名，是因为"金"本身很贵重。

化学元素金，符号 Au，原子序数 79，黄赤色，俗名黄金。黄金是化学元素金的单质形式，是一种软的、金黄色的、抗腐蚀的贵金属。金是较稀有、较珍贵和极被人看重的金属之一。国际上一般黄金都是以盎司为单位，中国古代是以"两"作为黄金单位，是一种非常重要的金属，今天用来作为永不贬值的财富的象征。所谓"穷玩镏子富玩表"，镏子就是金戒指。穷人挣钱不多，一旦挣钱了买了金戒指，到了收入不好、生存困难的年头，把金戒指等黄金首饰拿出来变卖了，马上就可以变现，买到粮食等活命的东西。所以居安思危，穷人家常常买金首饰，这也是今天订婚的人成婚时买"三金"的由来。金作为一种贵金属，从古至今都备受追捧。这并非因为它有多实用，而是因为它具有非常特殊的性质和地位。金的产生非常有限。全球黄金储量也非常少，所以金的相对稀缺性使其变成一种稀缺资源。此外，黄金被广泛用于珠宝、科技、货币等领域，需求对其价值的稳定性有着巨大的贡献。人们认为黄金是一种优秀的储值方式。传统金条和金币也是许多投资者的选择。市场上的黄金价格通常非常平稳，而在经济衰退和政治动荡时金价反而会上升，因此人们倾向于购买黄金以保值。由于黄金的稀缺性和稳定性，国家和银行通常会将其作为国际货币储备的一部分。因此，许多银行都持有大量的黄金来支持其经济发展。当一个国家发生经济危机、金融危机需要在海外融资（换到钱来消费或者维持生产）时，黄金依然是最好的抵押品，也是世界公认的储值资产。1983—1984 年拉丁美洲发生债务危机，巴西、哥斯达黎加、乌拉圭、萨尔瓦多等多国就出售过大量黄金储备，以缓解短期偿债压力。1997 年，亚洲金融危机期间，韩国就搜集了民间黄金 250 吨，用来换取外汇以支付国际收支缺口。"金"因为珍贵，常常用来制造钱币或者直接充当货币。这就是"现金""挥金如土"中的"金"的含义。

含有"金"的成语、词语有很多，如"披沙沥金"，意思是"千淘万漉虽辛苦，吹尽狂沙始到金"。金沙的比重要比普通的沙的比重大，所以可以通过"淘""漉"（lù）的办法，把金沙从黄沙中沥出。"披沙沥金"是淘金的过程，后来比喻从大量事物中挑选精华。长江是我国第一长河，从青藏高原发源后，形成沱沱河，然后汇成通天河，再汇成金沙江，以后又不断接纳大江大河，然后冲出夔门，冲开巫山，最终奔向大海。长江上游无论干流还是支流，都奔腾于高山峡谷间，流经富含金矿的岩层，裹挟了大量的金沙。"金沙江"的名字来历如此。"日照澄洲江雾开，淘金女伴满江隈（wēi）。美人首饰侯王印，尽是沙中浪底来。"淘金来的一粒一粒的金沙经过冶炼加工，最终制成"美人首饰侯王印"。"淘金"一词指用水选法去沙取金。现在比喻在繁复的事物中寻找出有益的、适宜自己的事物。在中国最北的漠河，旧时代的矿工口衔竹筒，手拿蜡烛，躬身进入深在地下的矿洞里，把采挖到的一颗颗金粒塞入竹筒里带出来，是另外一种采矿方法。

含有"金"的成语、词语中的"金"大部分是褒义。如"一寸光阴一寸金"，比喻时光的可贵，教导人们应该珍惜时间，分秒必争。如"金玉良言"，比喻像金子和玉石一样可贵的、有价值的劝告。这个词语中"金玉"并列，都表示"非常有价值的、珍贵的"。"金口玉言"也是比喻语言非常珍贵，但是这里强调的是不可更改、不容更改，一般指皇帝的话。看来皇帝家是和"金"紧密相连的。"金科玉律"原形容法令条文的尽善尽美。现比喻必须遵守、不能变更的信条。"金枝玉叶"原意是形容花木枝叶美好，后多指皇族子孙，现也比喻出身高贵或娇嫩柔弱的人。"金童玉女"本来指道家为供仙人役使的童男童女，广义是指天真无邪的男孩女孩。

有这样一则故事：刘彻看上了姑妈的女儿陈阿娇，姑妈试探着问他："你喜欢她吗？你想得到她吗？"刘彻知道"普天之下，莫非王土；率土之滨，莫非王臣"，想得到这样一个女子当老婆是很不容易的，但是他太喜欢她了，就冲口而出："若得阿娇作妇，当作金屋贮之也。"这就是"金屋藏娇"这个成语的由来，若干年后，刘彻当上了皇帝，就是大名鼎鼎的汉武帝。他做了皇帝，果然娶了阿娇，也造了富丽堂皇的宫殿供陈阿娇住，实现了小时候的诺言，并册封阿娇为皇后。

唐代大诗人李白、杜甫、白居易等都不吝用含有"金"字的词语、典故来表达丰富多彩的语义。如白居易在《长恨歌》中刻画雍容华贵的杨贵妃"云鬓花颜金步摇，芙蓉帐暖度春宵"。杨贵妃鬓发盛美如云，头上插着用金银丝盘成花的形状、上面缀有下垂的珠玉的金首饰，走动时候金首饰颤巍巍晃动。"金屋妆成娇侍夜，玉楼宴罢醉和春。"杨贵妃住在华美的后宫里，这后宫像汉武帝刘彻给陈阿娇设置的金屋，她打扮得十分华美，唐明皇只在她这里过夜。杨贵妃穿金戴银、富丽雍容，是大唐帝国美丽高贵的象征。

谈到唐明皇和杨贵妃，总让人联想起和他俩有交集的大诗人李白。李白一生嗜酒，斗酒诗百篇。"金樽清酒斗十千，玉盘珍羞直万钱。""金樽"就是金属做成的盛酒器，这里还有"金黄色的""非常珍贵的"的意思。金樽中的清酒和玉盘中的山珍海味，都是非常昂贵的。用这样的生活标准代指优渥的生活，和"停杯投箸不能食，拔剑四顾心茫然"形成反差。李白一生并非完全地率性而活，"五花马，千金裘，呼儿将出换美酒，与尔同销万古愁"，前面是率性，后一半是"万古愁"："欲渡黄河冰塞川，将登太行雪满山。"人生壮志难酬，处处碰壁，换作别人早已愁死了。而诗仙不是这样，"人生得意须尽欢，莫使金樽空对月。天生我材必有用，千金散尽还复来"。今天，他的诗句"兰陵美酒郁金香，玉碗盛来琥珀光"成了

"兰陵酒"的广告词。郁金香：散发郁金的香气。郁金，一种香草，用以浸酒，浸酒后呈金黄色。李白和晚于他的另一天才诗人李贺总是期盼着自己的"燕昭王"设着黄金台等待着他们。黄金台亦称招贤台，战国时期燕昭王筑，为燕昭王尊师郭隗之所。如果等到那一天，他们将"报君黄金台上意，提携玉龙为君死"，只可惜他们都没有等到自己的人生中的黄金台，一生不得志，李白是"散发弄扁舟"，李贺是愁苦而死。

形容一个城池的坚固："固若金汤"。"金汤"是"金城汤池"的简称。金城，用钢铁打造的城墙；汤池，城墙下的护城河里的水是沸腾的开水。这样的城池怎么能打下来？金汤桥位于天津市建国道西端与水阁大街之间的海河上。桥名金汤是取"固若金汤"之意，是天津市现存最早建造的大型铁桥之一。天津解放前夕，被国民党天津守军誉为"固若金汤"的大天津，在29小时内被人民解放军攻下，东西齐进的人民解放军在金汤桥会师。"金瓯无缺"，意为金瓯没有残缺。比喻国土完整。金瓯，金子做成的盆盂，比喻江山社稷牢不可破。明清两代皇帝办公的故宫太和殿被称为"金銮殿"，"金銮"是帝王车马的装饰物。金属铸成鸾鸟形，口中含铃，因指代帝王车驾，借指皇帝驻跸之地。太和殿又称"金銮殿"，矗立在紫禁城中央，建筑面积2377平方米，是北京故宫三大殿（太和殿、中和殿、保和殿）中最大的一个。也是全国最大的木构大殿。京城的中轴子午线沿着龙纹石雕御路升上三台，从天子宝座下穿过，金銮殿是中国现存规制最高的古代宫殿建筑，是皇帝举行重大朝典之地。大殿内外饰以成千上万条金龙纹，屋脊角安设十个脊兽，在现存古建筑中仅此一例。皇帝在此召见过考上状元的"举子"。每次科举考试结果，都张榜公布，考中者"金榜题名"。上文谈过"金榜题名时"是人生四大幸事之一。"金榜"是用黄色纸书写的姓名榜，指殿试揭晓的榜。古代科举制度殿试后录取进士，揭晓名次的布告，因用黄纸书写，故而称"黄甲""金榜"。多由皇帝点定，俗称"皇榜"。考中进士就称金榜题名。唐代诗人孟郊"金榜题名"后写了一首《登科后》：

> 昔日龌龊不足夸，今朝放荡思无涯。
>
> 春风得意马蹄疾，一日看尽长安花。

前两句将作者过去失意落魄的处境和现今考取功名的得意情境进行今昔对比，突现今朝"金榜题名时"的思绪沸腾；后两句说他在春风里扬扬得意地跨马疾驰，一天就看完了长安的似锦繁花，表现出极度欢快的心情。全诗节奏轻快，一气呵成，和孟郊其他诗歌的格调大不相同。也许你知道"春风得意"这个成语，但是如果能结合这首诗，完全可以理解长时间"三更灯火五更鸡"苦读的举子时来运转，考中进士以后的得意之情，也得遂平生所愿，展望前程踌躇满志。金榜题名，真个是"朝为田舍郎，暮登天子堂""莫道儒冠误，诗书不负人"。

还有很多儒生在国难当头时投笔从戎，南宋词人辛弃疾就是其中的典型代表。多年后他在壮志难酬之中写下"想当年，金戈铁马，气吞万里如虎"的"回忆录"。金戈铁马，意思是戈闪耀着金光，马配备了铁甲。比喻战争，也形容战士持枪驰马的雄姿。辛弃疾，这个铁血男儿给人豪爽的印象，岂不知他也具有很高的审美素养，写出了《青玉案·元夕》。词从极力渲染元宵节绚丽多彩的热闹场面入手，反衬出一个孤高淡泊、超群拔俗、不同于金脂俗粉的女性形象，寄托着作者政治失意后不愿与世俗同流合污的孤高品格。这个女郎"蛾儿雪柳黄金缕。笑语盈盈暗香去。众里寻他千百度。蓦然回首，那人却在灯火阑珊处"。蛾儿、雪柳、黄金缕，皆古代妇女元宵节时头上佩戴的各种装饰品。这里借代指盛装的妇女。"蛾儿"，中国古代汉族妇女的一种头饰，是蝴蝶状的发钗，用丝绸或乌金纸为花或草虫之形，然后用色彩画上须子、翅纹而成。"雪柳"并非植物，而是玉钗，插在翠冠上的一种装饰。黄金缕是金黄色的穗状头饰。可见三种饰物："蛾儿"为蓝色的，"雪柳"为白色的，"黄金缕"是黄色的。笑语盈盈，连绵不断的充满欢乐的谈笑声伴随着一群女郎渐行渐远，只留下暗香一阵。辛弃疾观察得仔细，审美得细致，描写得形象，令人叹为观止。

"金"在具体的语言环境中有特殊的意思，平时我们学习时就要结合具体的语言环境来分析认识。如《木兰诗》："朔气传金柝，寒光照铁衣。"写的是北方战场上环境的恶劣，北方的寒气传送着打更的声音，冰冷的月光照在将士们的铠甲上。"金柝（tuò）"的"柝"就是打更用的梆子。更，本义更改，在夜里时间的更改需要用信号传给宫廷里、兵营里、城中即将入睡或者已经睡下的人们，传递信号——报时就是打更，古时候没有钟表等计时器，汉代皇宫中夜间计时用更漏，就是用一定量的水滴漏来计时，一夜分为五更，每更约现在的两小时，值班人员分五个班次，按时更换，叫"五更"。值班人员——更夫敲打梆子来报时，这个梆子就叫"柝"，金柝就是金属柝，即刁斗，军用铜器，三足一柄，白天用以烧饭，夜晚用以打更。

又如秦观的《鹊桥仙·纤云弄巧》：

纤云弄巧，飞星传恨，银汉迢迢暗度。金风玉露一相逢，便胜却人间无数。　　柔情似水，佳期如梦，忍顾鹊桥归路。两情若是久长时，又岂在朝朝暮暮。

风怎么也变成金属质的了？结合具体的语言环境：纤薄的云彩在天空中变幻多端，天上的流星传递着相思的愁怨，遥远无垠的银河今夜我悄悄渡过。在"金风玉露"时相会，就胜过尘世间那些长相厮守却貌合神离的夫妻。共诉相思，柔情似水，短暂的相会如梦如幻，分别之时不忍去看那鹊桥路。只要两情至死不渝，又何必贪求卿卿我我的朝欢暮乐呢？

"金风玉露"时，就是七夕之时，此时秋天来临，天气转凉，季节转换，为了生计出门奔波的男人，带的有没有防寒的衣服？如果带了，该换上了……这些成了留守在家的妻子的担忧。这时喜鹊在银河上搭建了鹊桥，使得骨肉分离的牛郎织女一家团聚一次。显然，"金风"就是西风，也就是秋风（春天来时刮东风，夏天来时刮南风，秋天来时刮西风，冬天来时刮北风），秋风一吹，天气转凉，大地上植物叶子转换成金黄色的。古代汉语处处讲究对对子，此处用"玉露"来对"金风"，"玉露"就是露水，露水的凉爽和人们接触到玉石感受到的凉爽差不多，所以把秋天的西风、露水"诗意化"，诗词的意境变得优美。

"金粉东南十五州，万重恩怨属名流。"这两句诗出自清代思想家、文学家龚自珍的一首爱国诗《咏史》，表达了诗人的忧愤之情。这两句诗的意思是繁华绮丽的江南富庶之地，"上流社会"的人都是没有见识、没有理想、更没有操守，既彼此勾结、又互相排斥，终日以争名逐利为业的所谓名流。金粉：形容繁华富丽。东南十五州：泛指我国东南沿海江浙一带富庶地区。

南京古称"金陵"，是"六朝金粉之地"，到处充斥的是奢华、绮丽、享乐。笔者认为，"金陵"的六朝不完全等同于"汉魏六朝"，"汉魏六朝"指汉朝、三国（魏）、西晋、东晋、宋、齐、梁、陈，而"金陵"的"六朝"指在"建业""建康"建都的三国时吴国、东晋、宋、齐、梁、陈，这六个朝代偏安一隅，耽于享乐，不思进取，苟且偷安于"金陵"（"金陵"和"建业""建康"都是南京的名称）。流行的对联有："六朝金粉地，金陵帝王州"，还有"六朝金粉地，十里秦淮河"。在古代文人笔下，"金陵"就是这样奢华无比、纸醉金迷的帝都。金粉，黄金的粉末或金色的粉末，指如云的美女头上的饰品，比喻繁华绮丽的生活。"金陵"原本是钟山最早的名称，后来成为南京的地名。陵，作为名词有二义。一为《说文解字》上讲的"大阜"，就是较高的山。二是借用为帝王的坟墓。古人把山陵比作最高统治者，帝王的去世称为"山陵崩"。帝王坟高起像一座山，建坟往往是在帝王活着的时候，为避不吉，讳称为陵或山陵。南京的钟山下有葬着明朝开国皇帝朱元璋及其皇后、太子的明孝陵，也有中山陵。钟山，因为山的形状像一个扣在地上的大钟而得名。又称蒋山、紫金山。《舆地志》说："蒋山古曰金陵山，县之名因此山立。"秦始皇东巡，见"金陵王气"，于是便命人掘断连冈以泄王气，并且改金陵之名为秣陵。秣，草料，也就是说秦始皇把"金陵"这个高贵的名字改成了"草山"这样一个低贱的名字。在此之前，灭掉吴国的越王勾践在此设置了"金陵邑"，因为据说这里曾经是楚王埋金之地。当时很多地方都以山名做地名，陵就是山，金陵就是埋金的山。又有人说钟山顶上的岩石泛紫色，类赤，所以称金陵，其名因山石颜色而来。铜也称赤金，我们现在把纯铜称为紫铜。这与后人称钟山为紫金山是一样道理。当然，如果要按现在的认识，就应该是"铜色之山"了。汉末有秣陵尉蒋子文逐盗死于此，三国吴孙权为其立庙于钟山，因改称蒋山。钟山上埋葬着中国近代民主革命的先行者孙中山，这两个名字纯属巧合。孙中山先生流亡日本从事革命活动时，曾经化名"中山樵"，这个化名和日本的姓氏文化有关系。孙中山先生辞去中华民国临时大总统后，曾经到钟山——紫金山下打猎，看到山麓风景很好，流露出去世后归葬于此的愿望。中山先生逝世于北京西山，后来归葬在钟山。

唐诗中有一首著名的七言乐府诗《金缕衣》：

> 劝君莫惜金缕衣，劝君须惜少年时。
>
> 有花堪折直须折，莫待无花空折枝。

该诗作朗朗上口，晓畅明白，家喻户晓。金缕衣，缀有金线的衣服，"苦恨年年压金线，为他人作嫁衣裳"，作的就是这种衣服。在这里代指荣华富贵。全诗的大意是我劝你不要顾惜华贵的金缕衣，我劝你一定要珍惜青春少年时。花开宜折的时候就要抓紧去折，不要等到花谢时只折了个空枝。这首诗富含哲理，即使放到今天，对当下的芸芸众生，依然具有启发意义。

写到这里，笔者想起"一叶障目"这个成语故事，据说一片树叶能够遮蔽人的眼睛，一个贪婪的家伙犯了"掩耳盗铃"的错误，他拿着一片树叶遮蔽自己的眼睛，以为别人也就看不到他了，于是他大摇大摆地到别人家里去偷"十金"，结果被抓住。"十金""千金"的"金"，都是当作货币来使用的金属，不可能是"十两黄金""千两黄金"。金属因为贵重，被当作有价值的货币使用，在秦汉时期就开始了。"一寸光阴一寸金，寸金难买寸光阴"，从这句话来看，黄金是非常贵重的，价值是非常高的，即使到了明清以后，充当货币正常流通的稀有金属也只不过是比黄金价值低得多的白银。笔者见过清代的铜钱，外圆内方的"康熙通宝""乾隆通宝"，那已经具有相当的购买力了。三千年前为了讨好宠妃褒姒，周幽王"烽火戏诸侯""千金买一笑",拿出的"千金"一定不是千两黄金。

《史记·管晏列传》中有"管仲曰:'吾始困时,尝与鲍叔贾,分财利多自与,鲍叔不以我为贪,知我贫也'"。管仲二十来岁时就结识了鲍叔牙,起初二人合伙做点买卖,因为管仲家境贫寒就出资少些,鲍叔牙出资多些。生意做得还不错,可是有人发现管仲用挣的钱先还了自己欠的一些债,这钱还没入账就给花了。更可气的是到年底分钱时,鲍叔牙分给管仲一半的红利,他也就接受了。这可把鲍叔牙手下的人气坏了,有个人对鲍叔牙说,他出资少,平时他开销又大,年底还照样和您平分效益,显然他是个十分贪财的人,要我是管仲的话,我一定不会厚着脸皮接受这些钱的。鲍叔牙斥责他手下道:你们满脑子里装的都是钱,就没发现管仲的家里十分困难吗?他比我更需要钱,我和他合伙做生意就是想要帮帮他,我情愿这样做,此事你们以后不要再提了。后来兄弟二人又一起充了军,二人更是相依为命。有一次齐国和邻国开战,双方军队展开了一场厮杀,冲锋的时候管仲总是躲在最后,跑得很慢,而退兵的时候,管仲却像飞一样地奔跑。当兵的都耻笑他,说他贪生怕死,领兵的想杀一儆百拿管仲的头吓唬那些贪生怕死的士兵。关键时刻又是鲍叔牙站了出来(此时鲍已为军官),他替管仲辩护道:管仲的为人我是最了解不过了,他家有80多岁的老母亲无人照顾,他不能不忍辱含羞地活着以尽孝道。管仲听了鲍叔牙的这番话,感动地流下了热泪,他哭诉道:生我的是父母,而了解我管仲的,唯有鲍叔牙啊!

"管鲍之交"是异姓兄弟交往的佳话。几百年后的东汉末年，刘、关、张桃园三结义，以"义"结为异姓兄弟。这种结拜叫"义结金兰"。"金兰"一词源于"二人同心，其利断金。同心之言，其臭如兰"，意思是异姓二人同心协力，行动一致的力量犹如利刃可以截断金属。"金"是指金属。这样的好朋友的话，就像散发着香味的兰花一样沁人心脾。历史上"金兰之交"的佳话很多，不仅仅是刘关张。

上文谈到刘秀青少年时的理想："仕宦当做执金吾，娶妻当娶阴丽华。""执金吾"是西汉末年时率禁兵保卫京城和宫城的官员，其所属兵卒也称为北军。唐代诗人苏味道写的《正月十五夜》：

> 火树银花合，星桥铁锁开。
>
> 暗尘随马去，明月逐人来。
>
> 游伎皆秾李，行歌尽落梅。
>
> 金吾不禁夜，玉漏莫相催。

诗歌描写的是大唐帝国的元宵节日的盛况。大意是正月十五元宵节，街上灯光连成一片好像树上银白的花朵，护城河桥上，灯如繁星，关锁尽开，任人通行。马蹄飞扬暗中带起尘土，明月当空似乎在追随行人。游玩赏月的歌伎都装扮得华美艳丽，边走边唱着《梅花落》。京都的禁军们今天取消了夜禁，计时的玉漏壶不要催促天明。"执金吾"又叫"金吾"，东汉学者应劭解释："吾者，御也，掌执金革以御非常。"手里拿着执法的武器"金"——兵器，"革"——防护用的皮具，看来

"执金吾"既是执法的警察,又是负责保卫京城的武装力量。在万民狂欢的元宵节,这些负责京城安全的警官对夜游的百姓不加约束,任凭他们狂欢玩赏到深夜。

前些年张艺谋导演了一部名叫《满城尽带黄金甲》的电影。笔者对"老谋子"对历史题材的"戏说"不敢恭维,但是熟悉这部电影名字的,都知道那是唐朝一个落第秀才黄巢写的《不第后赋菊》的最后一句:

待到秋来九月八,我花开后百花杀。

冲天香阵透长安,满城尽带黄金甲。

这首诗的大意是等到秋天九月重阳节来临的时候,菊花盛开以后别的花就凋零了。盛开的菊花香气弥漫整个长安城,遍地都是金黄如铠甲般的菊花。"不第"就是参加科举考试得了不及格的等次,就是"名落孙山"。长年累月呻吟在科举考试之下的秀才,因为"不第",心中产生了反抗上流社会的强烈愿望。实际上,知识分子永远是一个社会前进的主力军,他们中的一些人用暴力的手段改变了社会,推动了历史前进。在中国封建制度统治严酷、等级森严的局面下,想通过和平民主的方式改变社会弊端的想法、行动都是幼稚不可行的。北宋政治家王安石的改革归于失败,明朝著名的张居正依靠自己"帝师"的特殊身份进行改革,换来的却是他死后被刨棺戮尸、长子被逼自尽、家人饿死十余口的下场。黄巢领导的农民起义失败了,但是彻底清除了魏晋以来的门阀制度,为中国社会前进卸下了重重的包袱。《不第后赋菊》是一首咏物诗。此诗运用比喻的手法，赋予菊花以英雄风貌与高洁品格，把菊花作为广大被压迫人民的象征，以百花喻指反动腐朽的封建统治集团，形象地显示了农民革命领袖果决坚定的精神风貌。全诗辞采壮伟，设喻新颖，想象奇特，意境瑰丽，气魄雄伟。就从这首诗来看，科举制度埋没了无数人才，黄巢就是一个。

在洛阳市主城区有一条主干道叫"金谷园路"，承载着一段士族豪门的奢华故事。唐代大诗人杜牧写了一首诗《金谷园》：

> 繁华事散逐香尘，流水无情草自春。
>
> 日暮东风怨啼鸟，落花犹似坠楼人。

金谷园：金谷本地名，西晋卫尉石崇筑园于此，园极奢丽。石崇是西晋时期大臣、富豪，大司马石苞第六子。曾出任南中郎将、荆州刺史。在荆州"劫远使商客，致富不赀"。生活奢侈，与王恺竞相争豪。王恺是西晋时期外戚、富豪，曹魏司徒王朗之孙，也是晋武帝司马炎的舅舅。王恺家中洗锅子用饴糖水，石崇就命令自家厨房用蜡烛当柴火烧。王恺为了炫耀，又在他家门前的大路两旁，夹道四十里，用紫丝编成屏障。石崇用更贵重的彩缎铺设了五十里屏障。晋武帝把宫里收藏的一株两尺多高的珊瑚树赐给舅舅王恺，石崇看了便用铁如意把珊瑚树打碎，王恺气极，石崇说："不足多恨，今还卿。"乃命左右悉取珊瑚树，有高三四尺者六七株，每株都大于王恺的珊瑚树，看得王恺心乱如麻。石崇有爱妾绿珠，是当时的绝世美人，相貌美艳，善吹笛。永康元年（300），赵王司马伦政变，杀死石崇的靠山、权臣贾谧。司马伦的党羽孙秀派人去索要绿珠。孙秀派的人将要人的事告诉石崇，石崇将自己的数十个婢妾都引出来让来人看，婢妾们都是满身兰麝的芳香，披戴绫罗细纱。石崇对来人说："从中挑选吧！"来人说："君侯这些婢妾美丽倒是美丽，然而我本是受命来要绿珠，不知哪个是？"石崇勃然发怒说："绿珠是我的爱妾，你们是得不到的。"来人说："君侯博古通今，明察远近，希望三思。"石崇说："不需要三思了。"来人出去后又转回来劝石崇，但他最终还是没有答应。孙秀得知索要绿珠无果后，就假称惠帝诏命逮捕石崇等人。当时石崇正在楼上宴饮，甲士到了门前。石崇对绿珠说："今天我为了你而惹祸。"绿珠哭着说："我应该在你面前死去来报答你。"便自投于楼下而死。石崇说："我不过是流放到边境罢了。"直到被装在囚车上拉到东市，这才叹息道："这些奴才是想图我的家产啊！"押他的人答道："知道是家财害了你，为何不早点把它散发掉！"石崇无法回答。他的母亲、兄长、妻妾、儿女不分老幼共十五人都被杀害，石崇遇害时五十二岁。《金谷园》诗歌的最后一句"坠楼人"就是指绿珠。

北宋中后期，在今天东北的白山黑水之间，崛起了一个女真人的政权——金。女真人政权"金"取义"镔铁"一样坚硬，同时因为女真人崇拜浅颜色——白色、黄色，而铁是黑颜色，所以取国号"金"。"金"的开国皇帝叫"完颜阿骨打"。完颜，部族名，女真诸部之一。分布在松花江下游。女真人以完颜部为核心建立金政权。全盛时的金朝领土几乎占据了半个中国，东北部一直延续到日本海一带，北部则一直到达外兴安岭一带，西北延伸到今日的蒙古国，西部则以河套、陕西横山为交界线，南部以秦岭、淮河为宋金交界线。金朝灭掉了北宋，赵宋皇室逃到杭州"临安"了上百年。金国在后来崛起于蒙古高原的蒙古政权和南宋夹击下灭亡了。几百年后，努尔哈赤在统一女真各部的基础上，于明万历四十四年（1616）创建的国家，为区别于金朝，称之为"后金"。后金历经两汗二十年，与明朝并立，是清朝的前身。天聪十年（1636）皇太极称帝，改国号清。后来清军入关，灭掉了李白成的大顺政权和南明政权，建立了中国历史上最后一个强盛的封建帝国——清。1911 年 10 月爆发了辛亥革命的武昌起义，清王朝最后一个皇帝宣统退位，宣告末代王朝的灭亡。灭亡以后的清皇室人很多改姓"金"（原来姓爱新觉罗），不仅是以"金"表示出身的高贵，估计也和"后金"有关。

中国古代有很多俗语，简约而又丰富，浅显而又深刻。如"浪子回头金不换"，意思是不走正道的人改邪归正后极其可贵。又如"男儿膝下有黄金"，意思是指男儿下跪就和黄金一样珍贵，所以不应随便向人下跪。表示男儿应该有尊严，不应该卑躬屈膝。这是一个男人骨气的象征。"一诺千金"指许下的一个诺言有千金的价值，形容一个人很讲信用，说话算数。

我们对具有较高的思想价值和艺术水平的作品进行分析理解，往往自命为"鉴赏"，如"唐诗鉴赏""宋词鉴赏"之类，其实这样的说法是错误的，或者不准确的。红学研究大家周汝昌曾经应邀讲"《红楼梦》诗词鉴赏",他解释道:鉴,就是鉴别,也就是鉴定一种东西的真伪,非行家里手办不到。周先生是红学大家,但是他表示不可能对《红楼梦》里的诗词鉴定真伪。对每一首唐诗、宋词,又有几个大家能鉴定真伪?"鉴",就是镜子、照镜子。《西游记》中的照妖镜,任何魑魅魍魉都会在照妖镜下原形毕露。"鉴"字下面的"金"表明那时的镜子是金属的。唐太宗说:"以铜为镜,可以正衣冠;以古为镜,可以知兴替;以人为镜,可以明得失。"大臣魏征就是他的一面镜子。把铜块磨制得表面平滑、反光,就可以"反映"出被映照的东西。最开始用来映照的是水,早上起来,人们往往是用一盆水来看看自己的脸。"鉴"字的上半部分和"临"字的半部分相同。"临",一个人伸出头来,下边是一盆水,就是最原始的"照镜子"。明白"鉴"的原义,"前车之辙,后车之鉴",原作"前车之覆,后车之鉴",前边的车走那样一条路,导致翻车,后边的车就不能再走那样的一条路了。中国历史上新兴的王朝,总是能吸取前朝覆灭的历史教训,这个借鉴、吸取教训,可以用一个专有的名词"殷鉴"来表示。周王朝兴起后,以酒池肉林、花田酒地、鱼肉人民、宠信奸佞的殷纣王为反面教材。汉初的刘邦以秦王朝为教训,唐初的唐太宗以隋炀帝为教训,明初的朱元璋以元朝为教训,都开创了休养生息、经济发展、政治清明的新局面。

笔者接受父母的教育,就是要善待别人、善待外物。父母教育使用的话很朴实,就是"你怎么对待别人,别人怎么对待你；不可欺天"。到现在笔者悟出：人一生一世，如果能够正确对待外人，能够正确对待钱财，那就成功了。有这样一首歌《钞票》："是谁制造了钞票，你在世上称霸道？有人为你卖儿卖女啊，有人为你去坐牢！一张张钞票，一双双镣铐。钞票，人人对你离不了。钱呀，你是杀人不见血的刀。面对闪光的钞票，多少人儿去动脑？……"这首歌似乎道出了"钞"字的本义：拿着武器（钅）去抢劫别人（"少"表示读音）。后来钱出现后，"钞"又假借来指钞票，原义"抢劫、劫掠、掠夺"又再造"抄"来表示。抄袭别人的"抄"意思源于此。不过，古人把"誊写"也说成"钞""抄"，如《明史·张溥传》："溥幼嗜学，所读书必手钞。"张溥是明朝末年的大文学家，中学语文教材曾经选过他写的《五人墓碑记》。张溥的学习方法看似笨拙，实际上是很奏效的。笔者嗜书如命，深悟"买书不如借书，借书不如抄书"的道理，对自己喜爱的书，一边抄写一边记忆，抄完了也就能记住一大半内容。古人还把自己的写的书命名为《××类钞》。如杨开慧的父亲，毛泽东的恩师、岳父杨昌济曾经把自己的研究《论语》的创见集成《〈论语〉类钞》，看过《红楼梦》的读者一定知道贾府被抄，那是皇帝对犯罪者的惩治方式之一。"康乾盛世"之中的雍正皇帝，就被后世称为"抄家皇帝"。的确，雍正帝抄了很多贪官的家（打了很多老虎），为清帝国挽回了无法估量的损失。江宁织造员外郎曹寅（曹雪芹的祖父），无财力弥补亏空，且试图转移家族财产，他病逝后，雍正降旨将曹家抄家。曹雪芹写《红楼梦》，是有生活基础的。

宋代著名诗人陆游写有一首《金错刀行》：

> 黄金错刀白玉装，夜穿窗扉出光芒。
>
> 丈夫五十功未立，提刀独立顾八荒。
>
> 京华结交尽奇士，意气相期共生死。
>
> 千年史策耻无名，一片丹心报天子。
>
> 尔来从军天汉滨，南山晓雪玉嶙峋。

陆游的诗，通俗易懂，晓畅明白。只要理解"金错刀"和"楚虽三户能亡秦"，就可以理解这首诗的大意。"楚虽三户，亡秦必楚"出自西汉时司马迁的《史记·项羽本纪》，表现了楚国灭亡后楚人反抗暴秦、颠覆秦朝统治的坚定信念。意为即使楚国只剩下三个氏族，也能灭掉秦国。自古英雄爱宝刀，得到的宝刀总是悉心保护，有人还加以精美的装饰——镶边。金错刀就是给宝刀镶上金边。这是"错"的原义，又由本义引申为"交叉"，如"错落有致"。《楚辞·国殇》："车错毂兮短兵接。"短兵相接，敌我双方已经混在一起，战车车轮子和敌方车轮子混在一起，犬牙交错。"错"又由"交叉"引申为"叉开、失去"，如"错过"；再由"叉开、失去"引申为"错误"。

我国行政单位有一级叫"乡镇"，"镇"指中国县以下的行政区划单位。"镇"是个形声字，从金，真声。本义：对物体施加压力。今天写毛笔书法的人还用"镇纸"。用金或石制成，比重较高，为古代书写不可或缺的文具。不管是金属制成或者玉石制成，其作用都是"镇压"，"镇压"的目的就是使之"安静""安定"，所以有"镇静""镇定"。一个人口相对多的地方，往往也是军事重地，一般不好管理，所以派驻军警来维护治安，必要时加以武力镇压，所以有"边防重镇"。《国语·鲁语》："子以君命镇抚敝邑。"说话的人强调对方接受国君的任用，身负重要的使命，要刚柔相济、文武并用。

在明、清时军队的编制单位叫"镇"。清末编练新军，也称为镇。一镇统步队两协（协，军队编制单位），马炮队各一标（标，军队编制单位），二辎队各一营（营，军队编制单位），以及军乐队等。新军的部队单位依次是镇—协—标—营—队—排—棚，基本上对应了师—旅—团—营—连—排—班。如果读者看到袁世凯及其北洋军的军官的职务，就知道这些名字是军队编制。

火：照亮人类文明道路的光亮

　　火使人类文明向前迈进一大步。有了火，人类再不茹毛饮血，熟食美味可口且促进了大脑的发育；有了火，人类借长燃不熄的篝火驱散山顶洞人洞穴中的黑暗；有了火，人类在夜间可以吓跑前来捕食人类的野兽，安稳地休息。在西方神话中，普罗米修斯盗火在高加索山上受刑，成为人类文明的殉道者。

　　"火"（huǒ），象形字。甲骨文、小篆象物体燃烧时产生的火焰形，隶变后基本定型为"火"，本义为火焰，引申为燃烧、火灾。

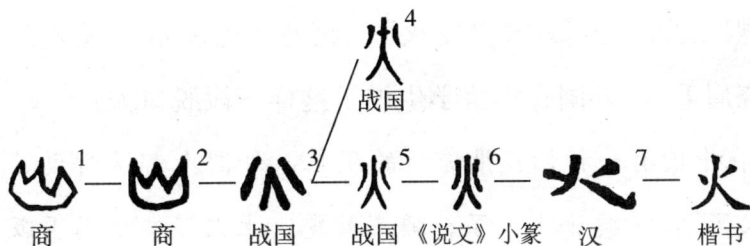

　　作为部首，称火部。多在字的左边，又称火字旁。

　　附形部首"灬"是"火"的变体。由四点组成，多在字的下部，故称四点底或横四点。

部中的字多与火有关系，大致可分为三类：（1）与火有关的事物，如"炬、焰、灰、烟、煤、灶"；（2）与火有关的动作，如"烧、烤、炒、煎、灭"；（3）与火有关的性状，如"热、烂、熟、炎"等。

"火"也作声旁构成形声字，如"伙"等。

"火"是个象形独体字，甲骨文字形像一团火焰的样子。从"火"字的字形演变中我们可以看到汉字从图画到文字的逐渐过渡。

"火"字的本义是"火焰"。"火"也是中国古代的一种兵制单位，十个人为"火"，又写作"伙"；同火的人称为"火伴"（通"伙伴"）。《新唐书》："十人为火，火有长。"北朝民歌《木兰辞》："出门看火伴，火伴皆惊忙。"现在，"火"字的词义扩大，可以引申为"燃烧"，如"火光之灾"；因为火会发光，由此引申为"光亮"，如"灯火通明"；因为火能够发热，由此引申为"热量"，如"火热"；"火"还可以引申为"暴烈"，如"火暴""发火"。此外，还表示情况紧急，如"火烧眉毛"。外国在华留学生说了这样一段脱口秀：

在中国有一种让我很惊讶的现象，外国人都没听说过，叫"上火了"。牙疼，上火了；睡不着觉，上火了；吃不下饭，上火了；找不到对象，也让人上火；哪里不舒服都会叫上火。这种现象在国外不会出现，但我在中国待的时间长了，我发现我也会有这种现象，看你不点赞不关注，我也会上火，看到我开直播了，你还不进来看看，那真让我从头到脚都冒火了。

这段很有意思的话中，"上火了"是中医对病症的判断。中医所说的生病"上火了"，是身体内存在某些热性症状，常见表现有红、肿、热、痛、烦等。上火可分为实火和虚火，实火表现为目赤、口苦、便秘等；虚火表现为潮热盗汗、口咽干燥等。现在说一个人"火了"，就是指惹怒了这个人。汉语不断发展，"火了"现在又指一个人、一件事、一个地方出名了，引起众人关注了。

我们大多数人对"伙"字是司空见惯、熟视无睹的，没有打破砂锅问到底地去探究"伙"的来源和词义演变。"伙"指军中"同火"，所以孙膑使用"行军减灶"，让精于计算的庞涓一下子就看出齐国军队的"逃亡"情况：

后十三岁，魏与赵攻韩，韩告急于齐。齐使田忌将而往，直走大梁。魏将庞涓闻之，去韩而归，齐军既已过而西矣。孙子谓田忌曰："彼三晋之兵素悍勇而轻齐，齐号为怯，善战者因其势而利导之。兵法，百里而趣利者蹶上将，五十里而趣利者军半至。使齐军入魏地为十万灶，明日为五万灶，又明日为三万灶。"庞涓行三日，大喜，曰："我固知齐军怯，入吾地三日，士卒亡者过半矣。"乃弃其步军，与其轻锐倍日并行逐之。孙子度其行，暮当至马陵。马陵道陕，而旁多阻隘，可伏兵，乃斫大树白而书之曰"庞涓死于此树之下"。于是令齐军善射者万弩，夹道而伏，期曰"暮见火举而俱发"。庞涓果夜至斫木下，见白书，乃钻火烛之。读其书未毕，齐军万弩俱发，魏军大乱相失。庞涓自知智穷兵败，乃自刭，曰："遂成竖子之名！"齐因乘胜尽破其军，虏魏太子申以归。孙膑以此名显天下，世传其兵法。

在"围魏救赵"后十三年，孙膑率领的齐军和庞涓率领的又在战场上相见了。孙膑和庞涓曾经同学兵法，师从鬼谷子。出师后庞涓到了魏国，时值"三家分晋"之后的战国时期，魏国的国都已经迁移到大梁（在今天河南开封），庞涓到魏国后很快得到魏王的信任，掌握了魏国的军队。他嫉贤妒能，把孙膑骗到大梁，残害了孙膑，挖掉了孙膑的髌骨，使他永远站不起来。孙膑的祖父是孙武，司马迁把祖孙两个军事家都列在《孙子吴起列传》中，又明确记载"孙子武者，齐人也"，"孙武既死，后百余岁有孙膑，膑生阿、鄄之间，膑亦孙武之后世子孙也"。关于孙膑家世、出生地都写得清清楚楚，唯独没有告诉孙膑名字的由来。毫无疑问，孙膑的真实名字是不为人知的，名字来源于同学庞涓的残害。然而就是这个身残志坚的军事家，一出手就用"田忌赛马"的巧计得到齐王的信任，被拜为军师，然后是"围魏救赵"打败庞涓。接着是上文的"行军减灶"，熟读兵法的庞涓根据"十人一火"的编制看到了齐国军队的怯战。实际上是孙膑故意示弱于他。最后是在"马陵道"伏击庞涓，逼使他自刎，且大败魏军，连魏王派到军中镀金的太子也俘杀了。这里"灶"就是"火"，也就是"伙"。

"十人一火"，"火"是个伙食单位，也是个战斗小组。在这个战斗小组里，每个人都有具体的分工，其中至少一人负责做饭。这个战斗小组就是"一伙人"。可见"一伙"在最开始时间是没有贬义的。"伙"字显然是个会意字，包含了"人""火"两个字的含义；也是个形声字，"火"在"伙"中还表示读音。从"伙"字中我们可以发现汉字中形声字和会意字的复杂交叉，这也是形声字到底占有汉字的多大比例的查不清的原因。"伙"由"一个伙食单位的战友"的意思，后来发展为"一同做事的人"。这就是"伙伴"（词义中性）、"伙计"（词义中性）、"同伙"（贬义词）等词的来源，"伙"字的内涵变得复杂了很多。笔者长时间在学校生活，中学时代就在学校伙房吃饭，今天想起来竟然没有对"伙"的本义产生过疑问。参加工作做语文教师，和同事搭伙，对"伙"字依然没有审视。今天"伙"字作量词用，如"那伙人"，但这里的"伙"不再是军中的十个人的编制，词义完全贬义化了。

人们常说"天灾人祸"，今天"灾祸"并说，让人忽视了二者的区别。"灾"最初指雷电引起的火灾，"祸"是人为不敬神的事，引起神的"不佑"导致的祸患（可以理解为"神"的惩罚）。《春秋三传》反复解释：灾是给国家造成巨大损失的自然灾害，一般指雷电引起火灾，烧毁连片的房屋，烧死很多人和牲畜。后来"灾"的意思变为"伤害""使其受伤害"，如王充《论衡》中说："人君失政，天为异；不改，灾其人民；不改，乃灾其身也。"水火不相容，可是人们硬生生制造了"水灾"这样一个词，违背自然规律。水灾波及的地方，首先是人类不宜居住的地方，可是人类硬是填湖造地，致使排水更加不畅，那被洪水侵害是高频率的事。还有一些城市，排水设施口径很小，城市地面大面积硬化，多年来小雨小灾、大雨大灾、无雨旱灾，这不应该算是"天灾"，而应该算是"人祸"。违背自然规律，当然要受到大自然的惩罚。

火部汉字如"灭""灰""灯""灶""炒""炊""炕""炉""炼""烛""烧""烟""烙""熄"等字，还有"灬"部的"热""烈""煎""煮""熟"等字，我们尽可"望文生义"。

"烦"字是个会意字。从页（xié），从火。从"页"表示与头部有关；从"火"，表示发烧。本义：头痛发烧。头疼发烧自然心烦意乱。有些事繁杂、琐碎、杂乱无章；有些人说话啰里啰唆，让人不明要义，也让人心烦。所以一个人说话要尊重对方，不要占用听话者多的时间，要做到"要言不烦"，这个"烦"，通"繁"，就是"繁多"的意思。占用别人的时间听你说话，托付别人为你代办一些事务，就要很诚恳地说"烦劳您……"制定的政策，发布的命令，就不要烦琐，让执行者无所适从。古人很崇尚玉石，不管男士还是女士，往往佩戴玉饰，人们举手投足，这些饰件就会发出叮叮当当的细小的声音，这个声音就是"琐"，而对一个人要"听其言，观其行"，不要被"琐"吸引、误导。

"点"字繁体为"點"，是指细小的痕迹或者斑点，意思明明白白。"點"最早意思与占卜有关，占卜就是"烧烤龟壳以卜吉凶"，龟壳一经火烧，就有细小的裂痕或者小黑点出现，这些裂纹或者斑点被看作"神谕"。"点"的意思很多，这里不一一列举，只有"点燃"的意思与"火"有关。"然"字由"月（肉）""犬"和"火"组成，本义是"用火烤狗肉""燃烧"的意思，后来这个意思由"燃"来承担。在黑暗中点燃一束火把，照亮了本来模糊不清的事物，让人看得明明白白，无须再作解释和说明，这就很容易让别人同意你的看法，这就是"以为然"的本义。

"燕雀安知鸿鹄之志"，其中的"燕"有两个读音。在这句话中"燕"字读 yàn，本义是常在人家屋内或屋檐下用泥做巢居住，捕食昆虫，对农作物有益的一种候鸟。笔者见到的燕子和睦相处，不管是捕食还是筑巢，都团结齐心、相亲相爱，这就是"新婚燕尔"这个词的意义来源。"燕"字的"灬"是燕子尾巴的形状（略有变异），实际上与火无关。燕子是益鸟，多次出现在古诗词中，成为一个特殊的文化符号。例如白居易《钱塘湖春行》："几处早莺争暖树，谁家新燕啄春泥？"刘禹锡《乌衣巷》："旧时王谢堂前燕，飞入寻常百姓家。"宋代词人晏殊《破阵子·燕子来时新社》："燕子来时新社，梨花落后清明。"

"燕"还有另外一个读音。"燕"读 yān 时，是一个周代古国名字。燕国，周分封的诸侯国之一，燕国是战国七雄之一。公元前 11 世纪，周武王灭商后，封姬奭于燕地，是为燕召公。之后，燕国向冀北、辽西一带扩张，吞并蓟国后，建都蓟（今北京一带）。燕王哙时，因以位让于相国子之，引起内乱，一度被齐攻占。燕昭王即位后，改革政治，招徕人才，任用苏秦、乐毅等，与民休息，攻占齐国，燕国进入鼎盛时期。后来燕昭王筑黄金台以延揽贤才的事，被后代怀才不遇者视为美谈。唐代诗人陈子昂一生不得志，曾经登上黄金台，缅怀燕昭王，写下了千古绝唱《登幽州台歌》：

前不见古人，后不见来者。

念天地之悠悠，独怆然而泣下。

"诗仙"李白才华横溢，"笔落惊风雨，诗成泣鬼神"，但人生也多坎坷，他在《行路难》中这样歌颂燕昭王：

大道如青天，我独不得出。

羞逐长安社中儿，赤鸡白雉赌梨栗。

弹剑作歌奏苦声，曳裾王门不称情。

淮阴市井笑韩信，汉朝公卿忌贾生。

君不见昔时燕家重郭隗，拥篲折节无嫌猜。

剧辛、乐毅感恩分，输肝剖胆效英才。

昭王白骨萦蔓草，谁人更扫黄金台？

行路难，归去来！

"诗鬼"李贺也是一生抑郁未伸，怀才不遇，他在诗歌中也多次歌颂燕昭王，如《雁门太守行》：

黑云压城城欲摧，甲光向日金鳞开。

角声满天秋色里，塞上燕脂凝夜紫。

半卷红旗临易水，霜重鼓寒声不起。

报君黄金台上意，提携玉龙为君死！

燕是战国七雄之一，面对着强秦的灭国威胁，太子丹采取了荆轲之谋刺秦王计，加速了秦国灭燕的步伐。荆轲"风萧萧兮易水寒，壮士一去兮不复还"，还有以筑击打秦王的高渐离，都是"燕赵自古有慷慨悲歌之士"的例证。

火是五行之一，《尚书·洪范》："火曰炎上"，"炎"，焚烧，炎热，光明之义；"上"，是上升。炎上，是指火具有炎热、光明、上升的特性。引申为凡具有温热、上升、光明等性质或作用的事物和现象，归属于火。"炎"，火上有火，会意字，表示火苗升腾，进而很热。也表示"燃烧"。《水浒传》里"智取生辰纲"一节，引用了一首古代民歌：

赤日炎炎似火烧，野田禾稻半枯焦。

农夫心内如汤煮，公子王孙把扇摇。

在炎炎烈日下，杨志押解着梁中书搜刮来的民脂民膏，为老丈人、大奸臣蔡京送生日礼物，走到黄泥岗，众人口渴难耐，喝下了下有蒙汗药的酒，尽管杨志武艺高强，但无力反抗，眼睁睁看着晁盖一群人把几担金银财宝挑走了。

自古至今，中国人都崇尚玉石。传说昆仑山是宝玉的产地，闻名世界的和田玉，开采历史悠久，先秦时代就闻名遐迩，成为对"丝绸之路"沿线贸易中价值最高的珍品。《尚书》有"火炎昆冈、玉石俱焚"的叙述，意思是大火燃烧昆仑山，山中所有的美玉宝石，将同遭焚毁。

人情冷暖、世态炎凉，是经历了苦厄的人常常感慨的。"穷在闹市无人问，富在深山有远亲"，古往今来，趋炎附势之人比比皆是。唐代大诗人李白也曾经写过《与韩荆州书》，奉承韩荆州"生不用封万户侯，但愿一识韩荆州"，韩荆州没有举荐李白，而其他人向唐玄宗举荐了李白，李白因其诗名供奉翰林。大诗人杜甫曾经在帝都长安"骑驴十三载"，"朝扣富儿门，暮随肥马尘。残杯与冷炙，到处潜悲辛"，只为找到名臣权贵举荐自己，实现自己为国效力的人生理想。诗仙、诗圣这样做不是趋炎附势，而是想通过正常的渠道"达"，进而"兼济天下"。比起李白，杜甫就没有那么幸运了，他参加科举考试时，恰逢"口蜜腹剑"的奸相李林甫掌权，李林甫嫉贤妒能，杜绝言路，任用小人，重用番将，酿成"安史之乱"。杜甫一生仰慕李白，和李白结下深厚的友谊，他的诗篇中留下了很多追怀李白的诗作。当李白被放逐时，他写下《梦李白》二首：

梦李白二首·其一

死别已吞声，生别常恻恻。

江南瘴疠地，逐客无消息。

故人入我梦，明我长相忆。

君今在罗网，何以有羽翼？

梦李白二首·其二

浮云终日行，游子久不至。

三夜频梦君，情亲见君意。

告归常局促，苦道来不易。

江湖多风波，舟楫恐失坠。

出门搔白首，若负平生志。

冠盖满京华，斯人独憔悴。

孰云网恢恢，将老身反累。

千秋万岁名，寂寞身后事。

这时的李白，不再是翰林学士，而是"戴罪之身"，被流放夜郎。

敢于追念自己被放逐的朋友，杜甫也敢于抨击炙手可热的杨贵妃和其姐姐虢国夫人、秦国夫人，以及依靠她们爬上丞相位置的堂兄弟杨国忠。在《丽人行》的结尾，杜甫写道："杨花雪落覆白蘋，青鸟飞去衔红巾。炙手可热势绝伦，慎莫近前丞相嗔！"更是揭露了杨氏兄妹荒淫腐朽、作威作福的丑态。

"炙手可热"，热得烫手，喻权贵气焰很盛。"炙"是个会意字，从月（肉）从火，烤肉。针灸是中医治病常用的手段，针就是用针来刺人体的穴位，灸，就是拔火罐。炙、灸，两个容易混淆的字，"炙"是会意字，"灸"是会意兼形声字。

炎帝神农氏和黄帝轩辕氏并称华夏民族的始祖。黄帝很有名的发明创造就是造车，炎帝最有名的是他领导部落从事农业生产，那时农业生产当然是刀耕火种（世上本来没有田地），火种，就是用火烧掉树木荒草。这就是炎帝称号的由来。炎黄二帝还是中医的始祖，今天著名的医学经典叫《黄帝内经》。神农尝百草，"以身试药"，发现了很多植物的药用价值，发明了中草药。

拔火罐，用火治病，这就是中华儿女对火的巧妙使用，治疗精准，没有后遗症。犯瘟疫而死的动物尸体，会传播细菌和病毒的，中医抑制传播的方法就是焚烧，这个方法成本低，效果最好。在中世纪的西方，统治阶级和宗教上层则发明了"火刑"，著名的科学家布鲁诺，就是被罗马宗教裁判所处以火刑而死的。

后 记

　　闪耀着中华民族智慧的汉字在经历了一段漫长的孕育与形成过程后，距今已有 6000 多年的历史。它是世界上最古老的文字，也是至今仍然在使用的文字。汉字，一字一形，但往往一字多义，融合了许多人的理想和理念、信仰和追求。汉字是记载中国文化的一种书写符号，也是中国文化本身的一部分。从汉字的造字、构形、结构特点以及字义的形成和演变等现象中，可以获得中国文化形成与发展的理据。因此，汉字所包含的文化内涵才是汉字作为一种文字的灵魂所在。当我们学习和使用汉字的时候，应该能感受到它从千万年走来，一步步承载和记录的我们先祖的发展历史和精神文化。

　　五行学说，是中国古人认识世界的基本方式。行，物质的基本元素。五行的意义包含借着阴阳演变过程的五种基本动态：金（代表敛聚）、木（代表生长）、水（代表浸润）、火（代表破灭）、土（代表融合）。中国古代哲学家用五行理论来说明世界万物的形成及其相互关系：木生火，火生土，土生金，金生水，水生木；木克土，土克水，水克火、火克金、金克木。它强调整体，旨在描述事物的运动形式以及转化关系。阴阳是古代的对立统一学说，五行是原始的系统论。中国古代认识自然界，把自然界的基本存在和状态归于"五行"，金代表金属，木代表植物，水代表液体，火代表热能，土代表土地，所以五行学说是原始唯物主义的哲学理论。

庞大的汉字体系与五行学说紧密相关，以"水""土""木""金""火"五种元素作为部首的字有很多。当我们翻开《新华字典》就会发现：水字部是汪洋一片，土字部是农牧耕作，木字部是绿荫漫天，金字部是金戈铁血，火字部则是烈火燎原。每个部首的汉字都有其本义与引申义。本书通过讲故事的形式，以字源为根本，以古诗文为脉络，辅以相关的历史人物和历史事件，将五行部首汉字的前世今生生动形象地展现在读者面前。以期读者在阅读本书后，可以感受到中国古典文学的美好内涵，可以感受到中国汉字的博大精深。